⇨ introduction

はじめに

「面接で何を聞かれるのか不安」「面接官を前にするとうまく話せない」「応募書類は通るのに面接で力を発揮できない」「面接で落ちてばかりで、自分に対する自信がすっかりなくなってしまった」……。

　これまでのコンサルタント経験の中で、こんな悩みを抱えた転職者にたくさん出会ってきました。もしかしたら、この本を手にしているあなたも、少なからずこんな思いをし、面接が嫌いになってしまった、あるいは、面接恐怖症に陥ってしまったということはありませんか？　だとしたら、この本を手にしていただき本当に良かったです。

　面接がうまくいかないのはどうしてでしょうか？
　自分の実力がない？　見当違いの会社を受けている？　相手がイジワルな面接官だった？　どれも少しずつ当てはまるかもしれません。しかし、これまでの経験をベースにお話しすると、転職者が陥りがちな失敗の原因は、面接のポイント（面接官の意図）がわかっていないが故の「期待ハズレの答えと反応」です。自分では、一生懸命に答えたつもりでも、面接官はあまり良い反応をしていない。すると、気持ちばかりが焦ってしまい、途中から何を話しているのかわからなくなり、最終的には支離滅裂な受け答えになってしまった……。こうした状況はよくあるケースです。

introduction

　皆さんは、本当に自分の良さがわかっていますか？　そして、それを伝える工夫をしていますか？　また、面接官が何を知りたいと思って質問しているのかを考えたことはありますか？　そして、彼らの知りたいことに答える工夫をしていますか？　こうしたことを頭に入れながら面接に臨む場合と、そうでない場合では、結果が大きく違ってきます。しっかり対策を立てることで、皆さんの力を最大限に発揮できるばかりでなく、面接への不安や恐怖も薄らいでくるのです。

　この本では、そうした皆さんの初歩的な失敗に対応すべく、面接における様々な質問を取り上げ、面接官の意図、期待に応えるためのポイント、さらには、皆さんの答え方の注意点などをわかりやすく解説しています。

　私が採用の面接官だったとき、「この応募者、ここをもっとこうしたら合格できるのになぁ」と思いながら面接をしたことが幾度となくありました。しかし、面接官という立場では応募者にアドバイスすることはできず、とても残念な思いを持っていたことも事実です。そんな経験を踏まえ、すべての転職者の方たちに向けて、採用側からの実践的なアドバイスとして心を込めて執筆しました。この本を手にした皆さんが、面接のコツをつかむことで不安や恐怖がなくなり、実力を発揮することができるようになるとともに、内定への切符を手にすることを願ってやみません。

　さあ一緒に、新しいビジネスライフの一歩をここから踏み出しましょう！

細田咲江

★

contents

THE SECRET OF THE INTERVIEW TO PASS

no.　01 ⇨ 56

はじめに　　　　　　　3

★ 知っておきたい 面接の基本

no. 01. 面接官との「会話」で合否が決まる　**14**
⇨ 書類では見えない部分を見られる　⇨ カッコいい話より、等身大の自分の話を

no. 02. 面接から内定までの流れを押さえよう　**16**
⇨ 新卒よりも早いテンポで進む　⇨ 面接日の決定はスピーディに

no. 03. 面接は基本2回。時間は30〜40分ほど　**18**
⇨ 面接官は現場責任者が多い　⇨ 1人にたっぷり時間をかける

no. 04. 筆記試験の準備も万全に　**20**
⇨「基本スキル」や「専門知識」を確認　⇨ 試験内容は面接でも聞かれる

no. 05.「評価表」について知っておこう　**22**
⇨「簡単なメモ書き」になることも多い　⇨ いくつか項目を押さえておけば十分！

COLUMN 1
電話やメールでのやりとりの注意点　**24**

★ 当日までに 必ずしておくこと

no. 06. 企業研究は手を抜かない　**26**
⇨ 事前の情報収集が、志望動機に直結する！　⇨ 頭と体、両方を使ってアプローチ

no. 07. 面接の回答を「見える化」しておこう　**28**
⇨ 特に自己PR、志望動機、転職理由の3つ　⇨ ノートに書き出して、頭の中を整理

no. 08. 声に出しての練習は何度でも　30
　⇨ どんな話も1分以内にまとめる　⇨ 完成度が上がれば、本番は緊張知らず

no. 09. 前日の準備で心に余裕を　32
　⇨ 面接に全力投球するためには…　⇨「手帳」は必須アイテム

COLUMN 2
新卒面接との違いは？　34

★ 面接以前の マナーと常識

chapter 3

no. 10. 面接は受付からすでに始まっている！　36
　⇨「印象チェック表」が用意されていることも　⇨ できて当たり前の社会人マナー

no. 11. 控え室での待ち時間を有効活用　38
　⇨「雑談」「携帯チェック」は厳禁　⇨ すかさず社内環境をチェック

no. 12. 歩き方、お辞儀、座り方で差をつける　40
　⇨「きれいな姿勢」が最大のポイント　⇨ 座っているときでも気を抜かない

no. 13. 表情やしぐさにまで気を配る　42
　⇨ 受け答えには「笑顔」を添える　⇨ 無意識に出てしまうクセに注意

no. 14.「言葉遣い」でマナー違反をしないために　44
　⇨ 最低限の敬語はマスター　⇨「はい」で受けてから答えよう

no. 15. 好感が持てる身だしなみは「清潔感」から　46
　⇨ 面接前に徹底チェック　⇨ スーツの着こなし方が重要

COLUMN 3
嘘をつかない、見栄を張らない、失敗を隠さない　50

chapter 4 「定番質問」にはこう答える

no. 16. まずは質問の流れを押さえよう　52
⇨自己紹介→志望動機→退職理由→スキル確認　⇨内定が近ければ条件の確認も

no. 17.「自己PRをしてください」　54
⇨特に営業職で重視される"プレゼン力"　⇨話の流れは4ステップで

no. 18.「あなたの長所と短所を教えてください」　56
⇨仕事内容に合わせたアピールを　⇨表現次第で短所も長所に

no. 19.「なぜ当社に応募したのですか?」　58
⇨前向きな志望理由が必須　⇨倒産やリストラでも、会社批判はNG

no. 20.「この仕事(職種)を選んだ理由は何ですか?」　60
⇨これまでのキャリアと関連づける　⇨「頑張ります!」では説得力ゼロ

no. 21.「当社についてどのくらい知っていますか?」　62
⇨志望の「本気度」を見られる　⇨「メイン商品」「強み」は事前に把握

no. 22.「なぜ前の会社を辞めた(辞めたい)のですか?」　64
⇨円満退職だったか気になるところ　⇨さらなる飛躍を誓おう

no. 23.「以前(今)の仕事内容はどのようなものですか?」　66
⇨「成果を出せる人物か」を判断　⇨「仕事の大きさ」よりも「内容」が大事

no. 24.「当社で活かせる強みは何ですか?」　68
⇨自慢話より現実的なスキルの話を　⇨「厳選すること」で強みが引き立つ

no. 25.「当社でどんなことをやりたいですか?」　70
⇨「どう貢献できるか」がポイント　⇨「御社で勉強させていただきます」はNG

no. 26.「残業が多いですが大丈夫ですか?」　72
⇨気力・体力の両方をアピール　⇨何度聞かれても動じない

- no. **27.**「他にどんな会社を受けていますか？」 74
  - ⇨「真剣に転職活動をしているか」を確認　⇨志望している仕事の「一貫性」を伝えよう
- no. **28.**「今日の新聞で気になったニュースはありますか？」 76
  - ⇨情報収集はビジネスマンの常識　⇨志望業界のニュースは要チェック

COLUMN 4
「いつから出社できますか？」と聞かれたら　78

「掘り下げ質問」には こう答える

chapter 5

- no. **29.**「なぜ未経験の職種に応募したのですか？」 80
  - ⇨「やりたい」「憧れ」だけでは不十分　⇨説得力のある志望動機を練っておこう
- no. **30.**「転職回数が多いですが理由は何ですか？」 82
  - ⇨「転職グセ」がないか見られる　⇨今までの仕事の「共通点」をアピール
- no. **31.**「今までの職種が様々ですが理由は何ですか？」 84
  - ⇨「忍耐力がない」「飽き症」と思われては損　⇨「手に入れたスキル」を伝える
- no. **32.**「なぜ数カ月で前職を辞めたのですか？」 86
  - ⇨「組織に馴染める人物かどうか」を判断　⇨素直に反省し「二度と繰り返さない」を強調
- no. **33.**「ブランクの期間は何をしていたのですか？」 88
  - ⇨「即戦力として問題ないか」を見られる　⇨きちんと説明できればOK
- no. **34.**「健康状態は元に戻りましたか？」 90
  - ⇨「医師の承諾」など安心できる情報を提供　⇨アルバイトで入社という道も
- no. **35.**「当社のやり方に合わせられますか？」 92
  - ⇨「柔軟に対応できること」を主張しよう　⇨実績がある人ほど要注意

no. 36.「あなたのポリシーをお聞かせください」 94
⇨ カッコいいだけの言葉はすぐ見破られる　⇨ 新しい業界・職種へ転職する場合は必須

no. 37.「勤務地の希望はありますか?」 96
⇨ 拠点を事前にチェック　⇨ 希望は「支店名」より「地域名」で

no. 38.「前職の給与額を含め、希望はありますか?」 98
⇨ 今までの給与額は正直に伝える　⇨ 基本は「御社の規定に従います」

no. 39.「結婚や出産をしても仕事は続けますか?」 100
⇨ 長く働く覚悟があるかどうか　⇨ 人生の中での仕事の位置づけは?

COLUMN 5
「わからない」質問がきたときにはどうする?　102

chapter 6 「揺さぶり質問」には こう答える

no. 40.「揺さぶり質問」とはどんなもの? 104
⇨ 厳しい質問で、本音を引き出そうとする　⇨「いくつもある質問の一つ」と捉えよう

no. 41.「本当に正社員で働く覚悟はありますか?」 106
⇨ どんな嫌味にもさらりと対応　⇨「正社員と同じ意識」を強調

no. 42.「年齢が高いですが職場になじめますか?」 108
⇨ 年齢の上限を想定していることも　⇨「協調性」や「柔軟性」に関する内容が必須

no. 43.「もし不採用だったらどうしますか?」 110
⇨「本気度」を試されている　⇨「別の会社へ行きます」はNG

no. 44.「他の職種での採用でも良いですか?」 112
⇨「この仕事しかできない」では困る　⇨「求められる仕事をする」姿勢を見せる

no. 45. 「以前(今)の会社に不満はありますか？」 114
⇨ 愚痴を言うのは採用側の思うツボ　⇨「しいて言えば…」で話し始める

no. 46. 「当社が改善すべき点はどこだと思いますか？」 116
⇨「ここがダメ」や「何もない」はNG　⇨「このスキルを活かせる！」で自己PR

no. 47. 「ご家族は転職に賛成していますか？」 118
⇨ 家族の理解があってこそ集中できる　⇨「どう説得したか」があると効果的

COLUMN 6
誘導尋問のような質問にはどう対応する？ 120

★ こちらから「質問」する場合には？

chapter 7

no. 48.「質問はありませんか？」と聞かれたら… 122
⇨「聞きたいこと」を事前に整理　⇨ 無理に質問しなくてもOK

no. 49. 仕事のノルマを確認したいとき 124
⇨「目標」と言い換えて聞いてみよう　⇨ ホームページは隅々までチェック

no. 50. 給与額を確認したいとき 126
⇨「不躾な質問ですが…」の一言を　⇨ 細かい数字よりも給与体系を聞く

no. 51. 残業や休日出勤、有給休暇の確認をしたいとき 128
⇨ やりとりの流れの中で自然に聞く　⇨「なぜ知りたいのか」理由を添える

no. 52. 試用期間について確認したいとき 130
⇨ 聞くなら最終面接か内定後に　⇨「待遇重視」と思われないように注意

no. 53. 出産・育児と仕事の両立について確認したいとき 132
⇨ まずは、長く働く意志を前提に　⇨ ワーキングマザーの実態から推測

COLUMN 7
「最終面接」の前にメールを送るのも一つの作戦　134

★ 押さえておきたい
内定後のやりとり

chapter 8

no. 54. 最終面接後の「お礼状」が効く！　136
⇨ダイレクトに熱意が伝わる　⇨便せんは1枚。簡潔な内容に

no. 55. 晴れて内定の連絡がきたら　138
⇨入社の意志はその場で伝える　⇨今後の予定を必ず確認

no. 56. 条件面や仕事内容、提出書類の最終確認を　140
⇨入社前の面談で確認すべきこと　⇨提出書類は早めに用意

COLUMN 8
入社日までに必ずやっておくこと　142

装幀・本文デザイン　中村勝紀（TOKYO LAND）

chapter

1

no.01 ⇨ 05

知っておきたい
面接の基本

　まず最初に、転職における面接をスムーズにこなしていくために、押さえておきたい基本を紹介していきます。面接の大枠をつかんでおくと、どんな場面でも慌てません。全体像を知っておくことは、自分の力を最大限に発揮するためにも大事なことなのです。
　また、転職における面接は、新卒に比べて採用のハードルが高いもの。確実に受かる面接にするためにも、基本のポイントはしっかり押さえておきましょう。

THE SECRET OF THE INTERVIEW TO PASS
CHAPTER 1

面接官との「会話」で合否が決まる

no. 01

>> THE SECRET OF THE INTERVIEW TO PASS #01

書類では見えない部分を見られる

　最初に、面接についての大切な考え方をお伝えします。採用試験では、採用側と応募者がお互いに持っている情報や気持ちを伝え合い、双方の思いが一致した場合に、晴れて採用となります。

　情報や気持ちを伝え合うことをコミュニケーションと言いますが、その手段には、①文字による表現と、②話すことによる表現があります。採用試験においては、「文字による表現＝書類」であり、「話すことによる表現＝面接」となります。①には文字の書き方や文字そのものから受ける印象、②には話し方や表情から受ける印象が大きくかかわります。

カッコいい話より、等身大の自分の話を

　せっかく書類が通過しても、面接時にコミュニケーションが成立しないと、自分のことが相手に伝わらないばかりか、書類から受けたイメージと実際の人物とのギャップを感じさせてしまい、残念な結果に終わってしまうことがあります。これは「面接＝選考」と捉え"カッコいい文章"を話すことに気持ちが向き過ぎてしまっているのが原因の一つです。

　ここでは、「面接＝選考」ではなく「面接＝面接官とのコミュニケーションの場」と考えることです。面接テクニックの前に、まずはこの考え方をしっかり頭に入れて面接に臨みましょう。すると、思ったよりも簡単に、案外楽しく面接ができるようになります。

面接から内定までの流れを押さえよう

no. 02

>> THE SECRET OF THE INTERVIEW TO PASS　#02

⇨ 新卒よりも早いテンポで進む

　面接から内定までの流れとしては、おおまかに、①エントリー（書類提出、電話でのアポ取り）→②面接日決定→③面接（一次面接、業種により筆記試験）→④次の面接連絡→⑤面接（二次面接）→⑥内定連絡、が通常です。面接の回数により④〜⑤が繰り返されますが、中途採用の場合、新卒の面接よりも早いテンポで進みます。「連絡は1週間程度で」という場合でも、次のステップに進んでほしい応募者には、一両日中に連絡を入れることもあります。したがって、面接を受けた当日は早めに帰宅し、電話でもメールでも連絡をいつでも受けられる状態でいるとクイックな対応ができます。

⇨ 面接日の決定はスピーディに

　面接日の決定方法は、エントリー方法によっていくつかのパターンに分かれます。まず書類を送付し、連絡が電話やメールであり、そのときに面接日を告げられるパターン。これは、転職支援サイトや新聞など、広範囲にわたり求人を出している企業に多く見られます。また、自ら電話で問い合わせたところ、その場で日程の調整に入るパターンもあります。「まずはお問い合わせください」との表示があれば、この場合が多いです。その他にも、ハローワークなどの仲介機関を介して日程調整が行われるパターンもあります。どのパターンでも、迅速なやりとりが求められますので、エントリー後はいつでも連絡の受け答えや面接ができるよう、万全な準備をしておきましょう。

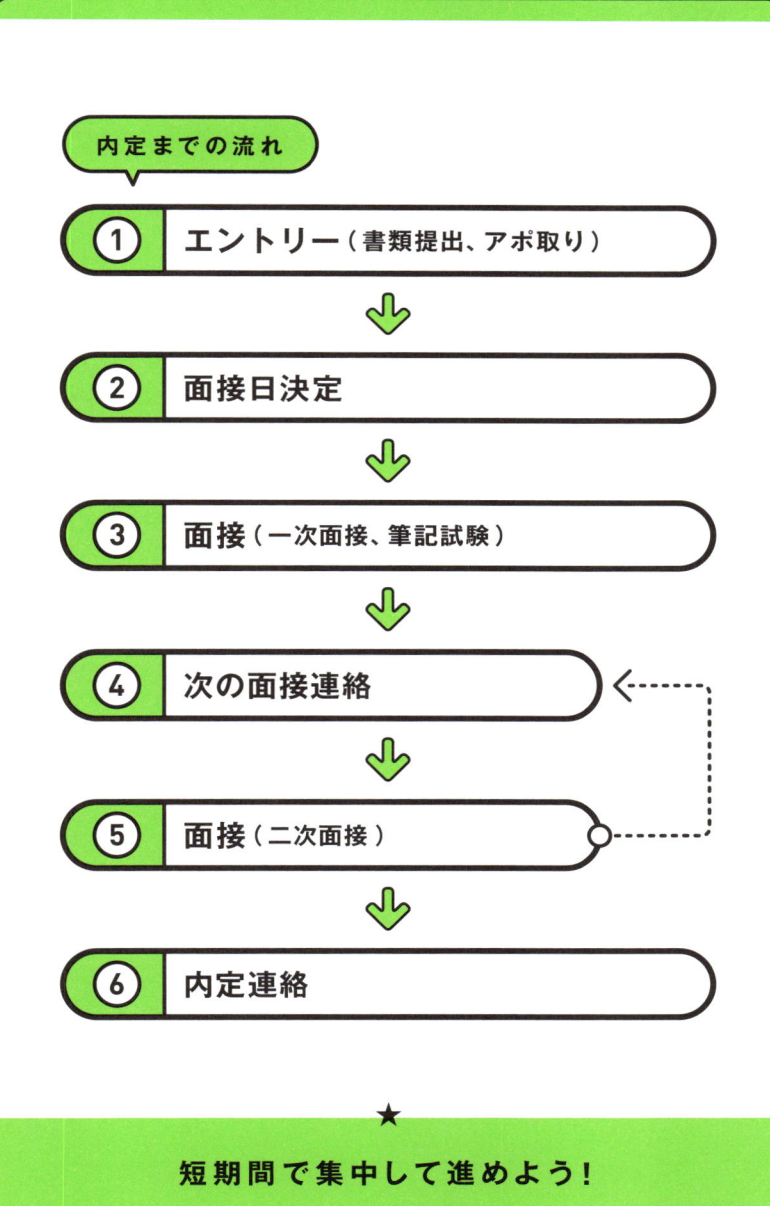

面接は基本2回。
時間は30〜40分ほど

no.
03

>> THE SECRET OF THE INTERVIEW TO PASS　#03

⇨ 面接官は現場責任者が多い

　一般的に、Webやフリーペーパーなどの転職支援媒体から応募した場合、書類選考ののち1〜2回の面接で採用が決定します。

　一次面接は人事担当者と現場責任者（部課長）、二次面接は役員（中小企業では社長）といった組み合わせが一般的です。会社や業務内容によっては、判断を全面的に人事に委ねている場合もありますが、「一緒に働く仲間としてどうか」といった判断が必要になるので、現場責任者がかかわることが多いものです。人的ネットワークを活かしたコネクションなどの場合は、事前情報で人物の想定ができるので、人事担当者と役員が一緒に入り、1回の面接で判断することもあります。

⇨ 1人にたっぷり時間をかける

　段階別の採用のポイントは、一次面接では、現場で通用するか（業務遂行能力、知識・技術はあるか）、二次面接では、会社としてどうか（社風に合うか、将来にわたって貢献できる人物か）が特に重視されます。また、新卒のように集団を形成してその中からふるいにかけていくというものではないため、集団面接が行われることは少なく、応募者1人に対し面接官が1人、または複数という形が一般的です。時間も、1人につき30〜40分ほどかけてじっくり判断します。中途採用の場合、欠員補充やプロジェクトの立ち上げなど、採用までに時間をかけることができないため、1回の面接である程度判断することで、採用側もスピーディな進行をするのです。

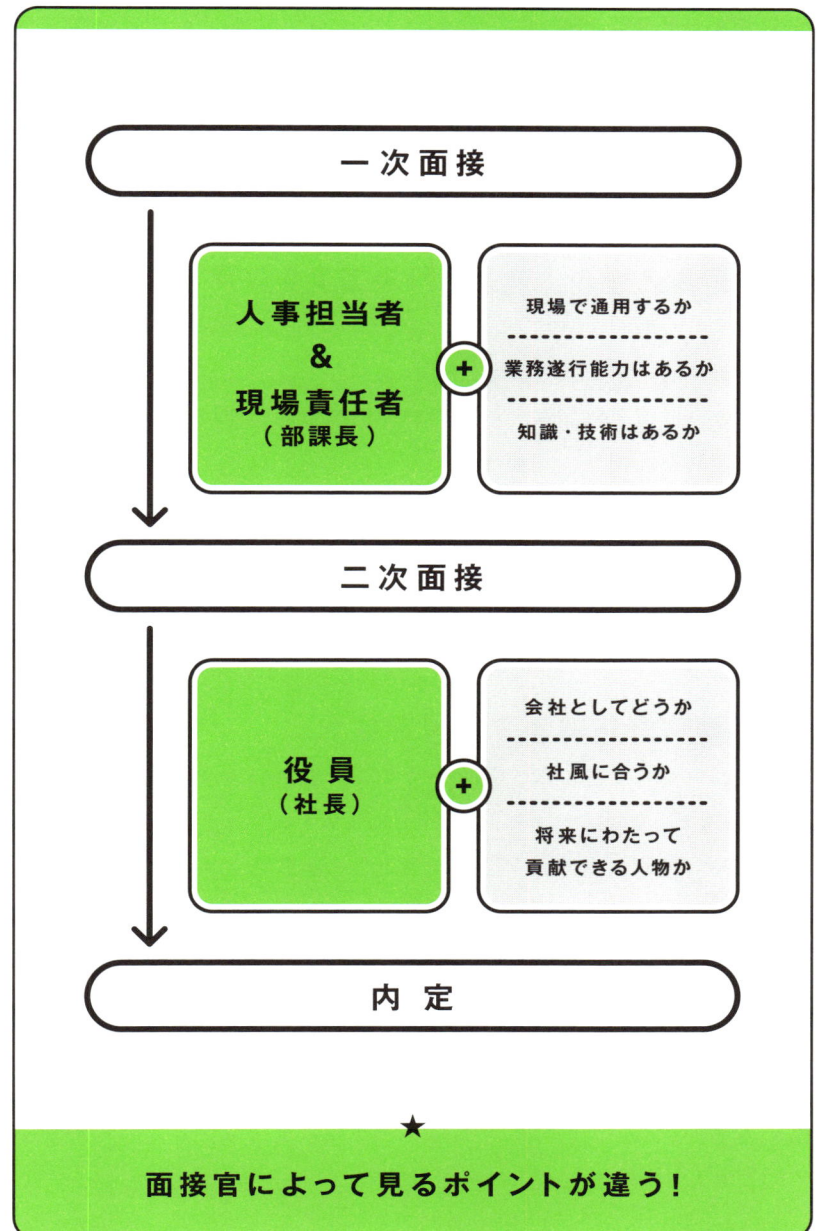

筆記試験の
準備も万全に

no. 04

>> THE SECRET OF THE INTERVIEW TO PASS　#04

⇨「基本スキル」や「専門知識」を確認

　中途採用の場合、募集の業務内容によって、面接と筆記試験がセットで行われることがあります。ほとんどの場合、業務遂行に必要な能力や知識は、職務経歴書の記載内容や面接での会話で確かめます。しかし業界によっては、必要な能力や知識を筆記試験で判断することもあります。この場合の筆記試験は、新卒のように一般常識に偏重するのではなく、業務遂行のための基礎能力や、業務に必要な専門知識を見るのが主流です。その他に、事前に企業研究がなければ答えられない会社に関わる知識や業界知識も出題される場合があります。

⇨ 試験内容は面接でも聞かれる

　パソコン業界などでは、プログラミング言語に関する知識や簡単な組み立ての実技を課す企業もあります。マスコミなどでは、新卒と同様に一般常識や文章力、言語の知識を見る試験を実施することもあります。また、適性検査では、配属部署への適性、ポテンシャル（行動様式＝コンピテンシー）を判断します。このテストでは、無理に会社や業務に自分を合わせる必要はなく、正直に答えることが鉄則。偽った自分で入社しても、後々の自分を苦しめるだけです。

　筆記試験の内容は、その後に行われる面接でも聞かれることがありますので、どんな内容が出たのか、重要なポイントはしっかり押さえておきましょう。

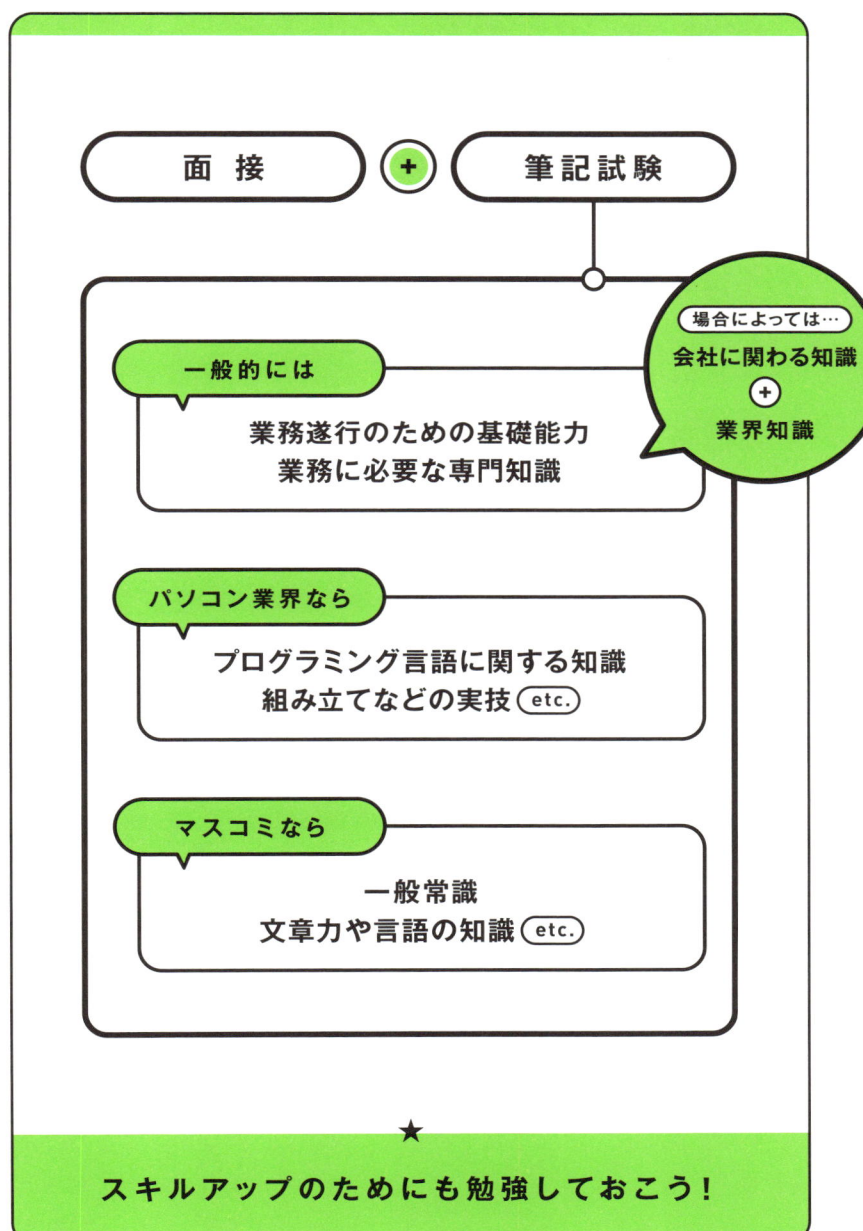

「評価表」について知っておこう

>> THE SECRET OF THE INTERVIEW TO PASS #05

⇨「簡単なメモ書き」になることも多い

　面接中の気になることの一つに「面接官の動き」があります。話している最中に面接官が書き込みをしているだけで、緊張度は上がるもの。ときには、質問する役割と記入する役割が決まっているのか、一切顔を上げずにひたすらメモをしている面接官もいます。「書かれている」と思うだけで、ドキドキしてしまいます。

　面接官が記入している用紙は「評価表」といわれるもので、各企業がオリジナルで用意しています。たくさん記入しているようでも実は、大したことを書いていないケースも多々あります。特に1人で面接をしている場合には、応募者の話を引き出すことが先決で、記入はキーワードのみというのがほとんど。この場合、面接では最低限必要なことだけをメモし、面接終了後に会話を思い出しながら評価表の項目に沿って判断をしていきます。

⇨いくつか項目を押さえておけば十分！

　なぜ、評価表を用いるかというと、同一基準での人物評価が必要なのはもちろん、次の面接官への引継ぎの資料にもなるので、各項目ごとしっかり記入する必要があるのです。ただ、応募者が評価表を気にしすぎるのはよくありません。面接官が必死に何かを記入していても、「ちゃんと判断してくれているんだな」と思い、動揺することなく面接に臨むことが大切。まずは、評価表の存在と項目をある程度知っておくことで、落ち着いて面接を受けられるようにしておきましょう。

Chapter 1
知っておきたい面接の基本

評価表の例

面接評価表

		面接日	
氏 名		面接官	

備 考

			1 2 3 4 5		
1	第一印象	さわやか	1 2 3 4 5	暗 い	
2	積極性	積極的	1 2 3 4 5	消極的	
3	協調性	ある	1 2 3 4 5	ない	
4	責任感	強そう	1 2 3 4 5	なさそう	
5	誠実性	誠実そう	1 2 3 4 5	あまり感じられない	
6	態 度	堂々としている	1 2 3 4 5	おどおどしている	
7	独創性	ユニークな発想をしている	1 2 3 4 5	一般的な考え方	
8	判 断	すぐ判断できる	1 2 3 4 5	判断に時間がかかる	
9	社会常識	常識的	1 2 3 4 5	常識がない	
10	計画性	話の組み立て方が良い	1 2 3 4 5	話のまとまりがない	

自由コメント

総合評価

S	ぜひ採用したい
A	採用したい
B	保 留
C	不採用

大したことは書き込んでいないケースも

COLUMN 1

電話やメールでの
やりとりの注意点

――― コラム1 ―――

　転職活動が始まると、電話やメールでのやりとりが多くなります。電話の場合、複数社へ応募しているときには、会社の番号をあらかじめ登録しておくか、手帳などにリストアップしておくことで、スピーディな対応ができます。もし、知らない番号の着信履歴が残っていたら、応募先の電話番号かどうかを確かめ、すぐに折り返しの電話をしましょう。メールにおいては、こまめなチェックが重要。面接などで外出が増える場合には、パソコンから携帯電話にメールを転送する設定をしておけば、外出先でも確認できます。

　電話、メールどちらの場合でも、相手が採用担当者という場合が多いので、社会人としてのマナーや言葉遣いには十分注意を払い、好感を持ってもらえるような対応をしましょう。

　また、面接当日、電車事故などでやむを得ず遅れそうなときにも直ちに連絡します。病気などで行けなくなった場合は、必ず面接開始時間前に連絡し、理由を簡潔に伝えることです。無断欠席は、社会人としてあってはならない行為です。スピード感を持った対応をすることで、最低限の信頼感を伝えたいですね。

chapter 2

no.06 ⇨ 09

当日までに
必ずしておくこと

　面接を受ける前に、準備しておくべきことがあります。履歴書や職務経歴書を作成する過程で、企業研究や自己分析など、ある程度していることでしょう。でも、それだけでは不十分。ここでは、今までの準備にプラスして、面接当日までにしておきたいことを紹介します。
　誰しも面接は緊張するもの。だからこそ準備万端で迎え、必要以上の緊張は避けたいものです。前日や当日になってササッと準備では到底間に合いません！　書類送付後、また面接が決定した段階で、すぐに準備を始めるようにしましょう。

THE SECRET OF THE INTERVIEW TO PASS
CHAPTER 2

企業研究は手を抜かない

no. **06**

>> THE SECRET OF THE INTERVIEW TO PASS #06

⇨ 事前の情報収集が、志望動機に直結する！

　面接をしていて、時々がっかりする応募者に出会うことがあります。会社のことや応募職種について、ほとんど理解せずに面接に臨んでおり、志望にかかわる質問に対してハッキリとした答えが返ってこない応募者です。「志望動機が曖昧なのは、勤務地や給与額の条件だけを見て応募してきているのかな……」と疑いたくなってしまいます。

　つまり、志望動機を聞けば、企業研究をしているかどうかはすぐにわかるということです。志望動機が言えないのは、ズバリ企業研究が足りないのが原因。会社のことを調べもせず、急遽こしらえた志望動機では熱意を感じられません。面接官が特に知りたい「なぜこの仕事なのか」「なぜこの会社なのか」をハッキリ伝えるようにしましょう。

⇨ 頭と体、両方を使ってアプローチ

　企業研究には２つのアプローチが有効です。①頭を使った調査と②体を使った調査です。①は、ホームページや転職支援サイトのＷｅｂ情報、新聞や雑誌の記事情報など、誰でも手に入れやすい情報です。②は、その会社の商品（製品、サービス）を使ったり、店舗を利用したり、本社まで行ってみたりといった行動で得る情報です。その人オリジナルであり、他の応募者と差別化ができるとても有効な情報源です。この２つの企業研究をするとしないでは、受け答えがまるで違いますし、本人の面接に対する自信にも影響します。これは一見面倒なことのようでも、実は効率的に面接を乗りきる得策でもあるのです。

Chapter 2
当日までに必ずしておくこと

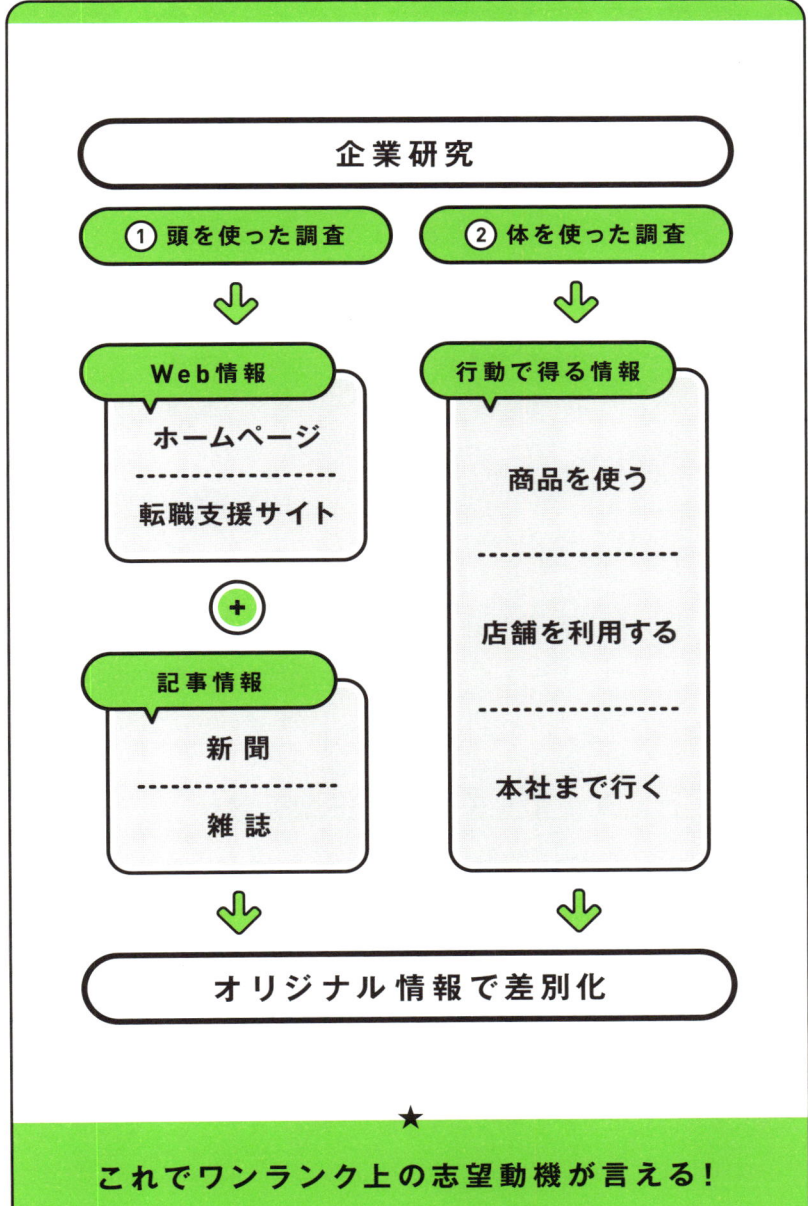

面接の回答を「見える化」しておこう

>> THE SECRET OF THE INTERVIEW TO PASS #07

⇨ 特に自己ＰＲ、志望動機、転職理由の３つ

　いざ面接となった段階で陥りやすい失敗が、提出した書類の内容を忘れてしまっていること。面接官は、書類を見て、興味を持った履歴や気になった内容について質問を繰り出してきます。提出書類のコピーを見て、最低限、どんなことを書いたのかは、復習しておきましょう。

　あわせて、面接のポイントをリストアップして「見える化」しておくのがお勧めです。特に、面接官が知りたいと思っている①応募者の能力、人柄＝自己ＰＲ、②何ができるのか、したいのか＝職務経歴と志望動機、③なぜ転職するのか＝転職（退職）理由、の３点についてはしっかりまとめておきましょう。移動中などに目を通せば、時間を有効に使える上に、一つ一つ確認することで気持ちも落ち着きます。

⇨ ノートに書き出して、頭の中を整理

　「見える化」とは、頭の中にタンスを用意し、話のネタを項目ごとに引き出しにしまっておくイメージです。例えば、自己ＰＲのタンスには、長所と短所、それを説明する具体例（エピソード、出来事）の引き出しを。志望動機のタンスには、職歴の概要と志望する理由、企業研究で得た情報の引き出しを。このように頭の中を整理することで、どんな質問にもサッと答えることができるようになります。

　話がまとまらずダラダラ続く、結論がわからなくなる、聞かれたこととは別のことを話してしまう、というよくある失敗も、頭の中で話の内容を整理しておけば防ぐことができます。

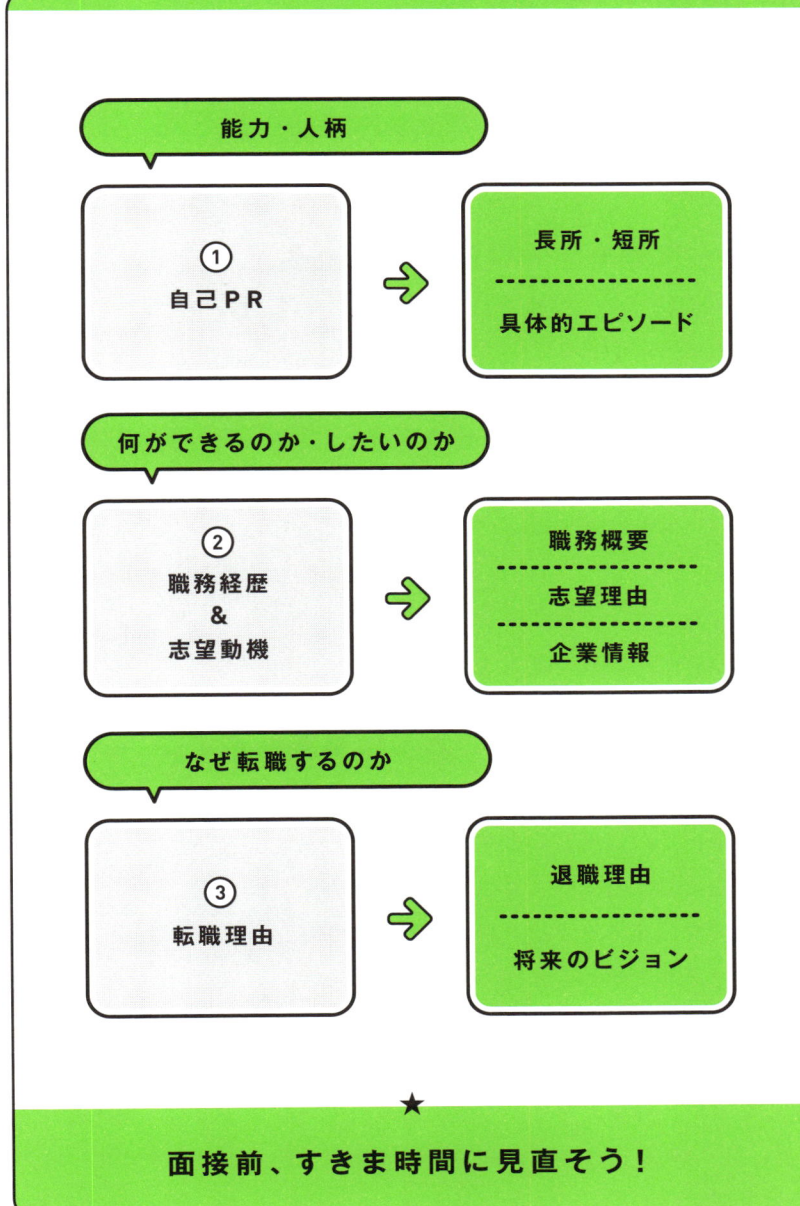

声に出しての
練習は何度でも

no. **08**

>> THE SECRET OF THE INTERVIEW TO PASS　#08

⇨ どんな話も1分以内にまとめる

　面接の前には、必ず練習をしましょう。ただ頭の中でまとめるだけでなく、実際に声に出して話してみることが大事です。そのときには、①声の大きさ、②話の長さに注意しましょう。ここでは面接官にしっかり届く声の大きさで話せているか、1つの話を30秒（長くても1分以内）にまとめることができているか、を確認します。

　さらに、家族、友人などに実際に聞いてもらい、アドバイスをもらうのもよいでしょう。自分では気づかない話し方やしぐさのクセを指摘してくれるかもしれません。また、1人で練習する場合には、鏡の前で行うことをお勧めします。

⇨ 完成度が上がれば、本番は緊張知らず

　面接官の質問は、その応募者に応じて、書類を見ながら、話の流れを受けて、その都度変幻自在に繰り出されます。ということは、すべての質問に対する一問一答の完ぺきな準備などは、到底無理。オーソドックスな質問に対する準備は必要ですが、100％決まった質問というのはありませんので、「すべてを完ぺきにしなければならない！」という過度の追い込みはしないことです。

　まずは、100％完ぺきな対策を目指すのではなく、練習を何回もすることで、自分の中での完成度を高めていきましょう。完成度が上がれば自分の自信につながり、実際の面接もそこまで緊張せずに臨めるはずです。

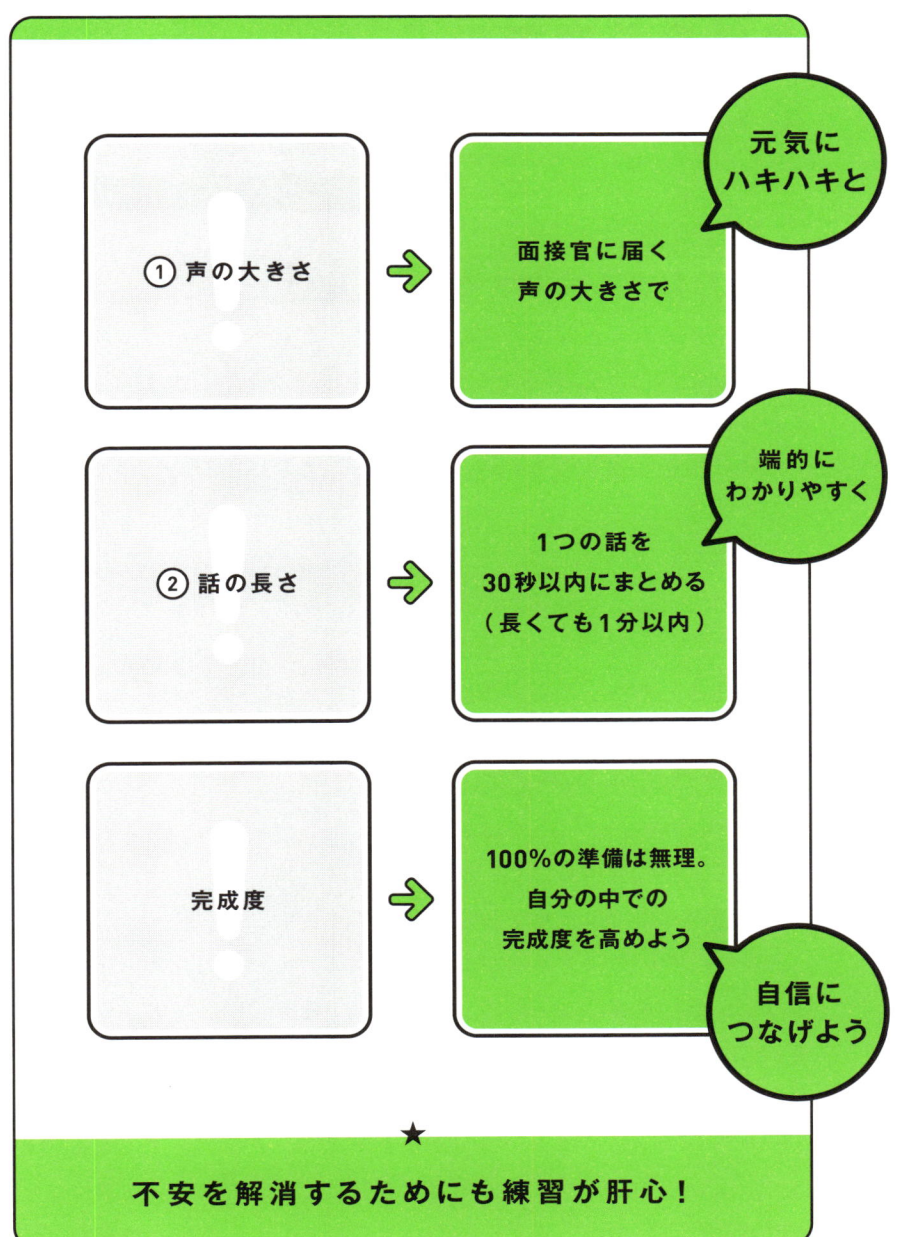

前日の準備で
心に余裕を

no. 09

>> THE SECRET OF THE INTERVIEW TO PASS　#09

⇨ 面接に全力投球するためには…

　面接当日を迎えるまでの準備で忘れてはならないのが、①会社までの経路を調べる、②持ち物をチェックする、の2つです。面接にばかり気を取られて、ここが抜け落ちてしまう人が意外と多くいます。

　面接は緊張するものですが、それを緩和させる対策の一つが「事前準備を万全に」です。心に余裕がないと必要以上にあがってしまうもの。例えば、当日に慌てて準備し、行き当たりバッタリで会場に向かったとしたら、準備不足が不安の原因になり、面接以前にあがってしまいます。少なくとも、面接以外の部分で気が散ることがないように、あらかじめモレのない準備をしておきましょう。

⇨ 「手帳」は必須アイテム

　特に、持ち物のチェックは重要です。当日会場に着いて忘れ物に気づく、これだけで焦りはピークに達します。持っていくカバンの中身は、必ず前日までに一度チェックしてください。

　気をつけたいのは、スケジュール管理やメモを取るための手帳。営業など、手帳を使うことが多い職種では、面接官がわざと手帳を出させ、ビジネスマンとしてふさわしい人物かどうかを判断することがあります。訪問先に行って、子どもが使うようなキャラクターの手帳や１００円ショップで購入した簡易な手帳では、人物の信用にも影響が出てしまいます。ビジネスで使用する道具は「人となり」を表します。ここはぜひ自己投資と考え、恥ずかしくないものを準備してください。

Chapter 2
当日までに必ずしておくこと

持ち物チェックリスト

- ☐ 応募書類のコピー
- ☐ 筆記用具
- ☐ 手帳
- ☐ 転職活動用ノート・メモ
- ☐ 会社の詳細（地図・連絡先）
- ☐ ハンカチ・ティッシュ
- ☐ 鏡・くし
- ☐ シューズクリーナー
- ☐ ストッキング（女性）
- ☐ 時計
- ☐ 折りたたみ傘
- ☐ 印鑑
- ☐ 財布

★ **出かける前にもう一度チェック！**

COLUMN 2

新卒面接との違いは？

コラム2

　新卒採用は、昨今の厳選採用で即戦力の人物を求める傾向があるとはいえ、やはりポテンシャル（潜在能力）の部分への期待が大きいものです。一方、中途採用の場合は、ポテンシャルで受かるほど甘いものではありません。企業が中途採用を行う理由は、ズバリ即戦力を求めているからです。経理で退職者が出た、新規事業を立ち上げる、売上低迷から脱出できる営業マンがほしい、といった具体的なニーズがあり、それを実現できる人物を求めているのです。

　ですから新卒との違いを考え、面接では、やる気やモチベーションの高さだけを訴えるのではなく、自分の能力や行動力をこれまでの仕事と絡めて語る必要があります。「以前から憧れていました」「何でもやります。やる気だけは誰にも負けません」といった抽象的な自己ＰＲをひたすら押してくる応募者は、新卒では許されても、中途の場合は物足りなさを感じてしまいます。

　入社後の仕事への貢献度を「経験面」から語れるように、新卒とはひと味違う視点で、ヌケのない面接準備をしましょう。

3

no. 10 ⇨ 15

面接以前の
マナーと常識

　実は、面接を受ける前から、面接は始まっています。例えば、面接会場に入るとき、待合室で順番を待つとき、あなたは何に気をつけますか？　ここを疎かにしてはいけません。
　また、面接中は、話す内容だけでなく、態度やクセ、言葉遣い、服装など、見落としがちなマナーもしっかり見られています。転職の場合、基本ができていないと、それだけでかなりのイメージダウンにつながるので、ここでしっかり学んでおきましょう。

THE SECRET OF THE INTERVIEW TO PASS
CHAPTER 3

面接は受付から すでに始まっている！

no. **10**

>> THE SECRET OF THE INTERVIEW TO PASS #10

⇨「印象チェック表」が用意されていることも

　採用の合否は、面接官と話している面接の時間だけで決めるものではありません。実は、会社に入って受付をする段階から、あなたがどのような人物であるかを会社は見ています。会社によっては、受付に簡単な印象チェック表を用意しておき、面接だけではわからない"素"の姿を見たりしています。

　社会人として、一通りのマナーは身につけているという前提ですので、「まさかこんなことはしないでしょう」というようなマナー違反があると、本当にがっかりしてしまいます。

⇨できて当たり前の社会人マナー

　受付で注意するべきポイントは、以下の3点。①建物に入る前に、コート、マフラー、手袋などは脱ぎ、すぐに面接できる格好で受付をする。面接官でなくても、受付の相手は会社の方です。単なる案内人ではありませんので、失礼のない服装で会うことが必須です。②必ず挨拶をする。いきなり「面接会場はどこですか？」などと自分の要件のみを尋ねるのは大変失礼です。まずは、何事も落ち着いて、挨拶から入りましょう。③こちらから名乗る。いくら受付の方の手元に名簿があるとしても、「お名前をお願いします」と催促されるようでは社会人失格です。挨拶も名乗りも先手必勝。遠慮もいりません。ぜひとも受付で好印象を与え、面接官への引継ぎで、「とても感じの良い応募者」と言われたいですね。

Chapter 3
面接以前のマナーと常識

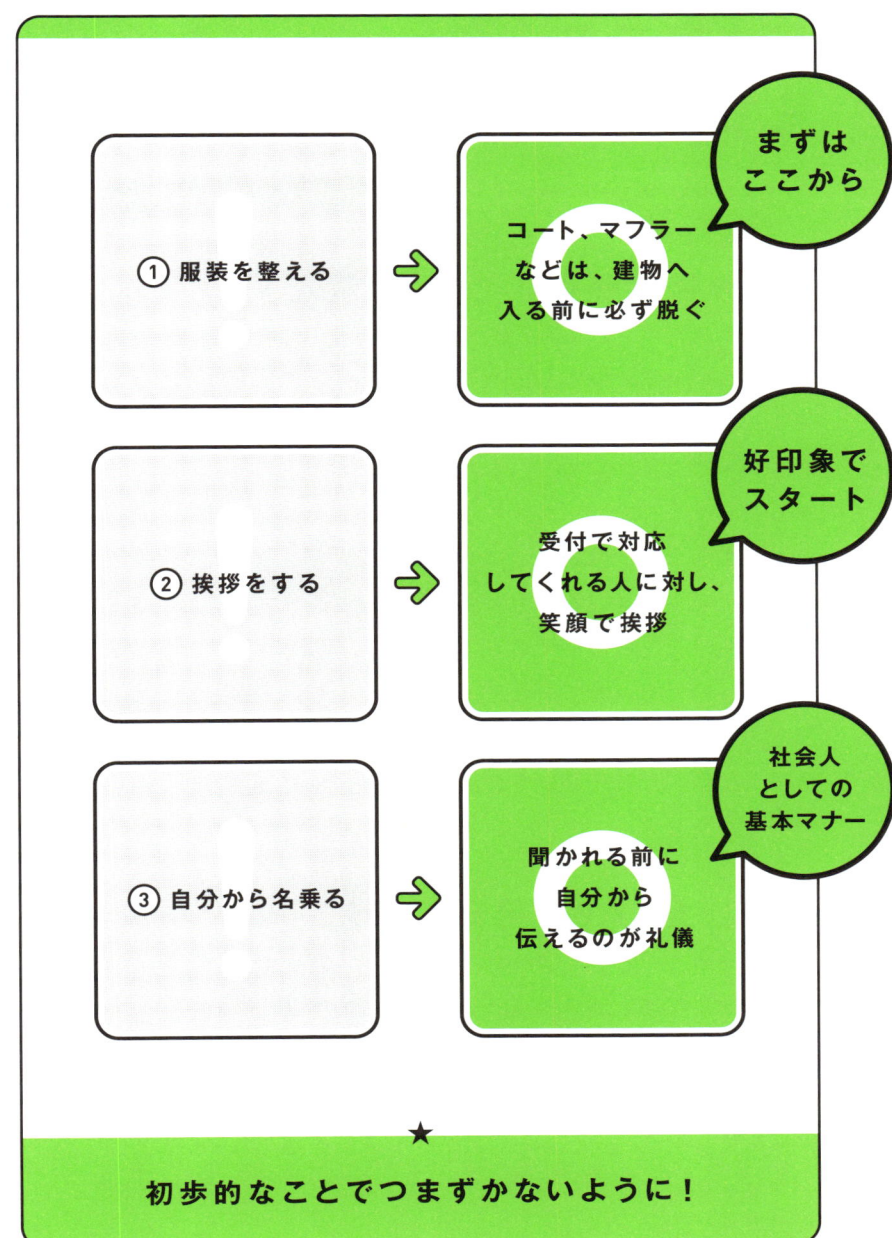

① 服装を整える → コート、マフラーなどは、建物へ入る前に必ず脱ぐ （まずはここから）

② 挨拶をする → 受付で対応してくれる人に対し、笑顔で挨拶 （好印象でスタート）

③ 自分から名乗る → 聞かれる前に自分から伝えるのが礼儀 （社会人としての基本マナー）

★ 初歩的なことでつまずかないように！

控え室での待ち時間を有効活用

no. 11

>> THE SECRET OF THE INTERVIEW TO PASS　#11

⇨「雑談」「携帯チェック」は厳禁

　控え室に案内されたら、落ち着いて面接の順番を呼ばれるのを待ちましょう。入室にあたっては「失礼します」の挨拶をし、先に持っている応募者がいれば、笑顔で軽く挨拶をしてから着座します。彼らはライバルではありますが、敵対視するのではなく、落ち着いた対応で接しましょう。リラックスするためとはいえ、馴れ馴れしく話しかけたり、大きな声で雑談などはマナー違反。落ち着かない態度であたりをキョロキョロ見回すのも挙動不審に映りますので注意しましょう。

　また、時間を持て余すように携帯電話を操作するのは厳禁。新聞や雑誌についても、場所を取るように大きく広げて見るのはあまり良い印象ではありません。控え室では、集めた会社情報を見直したり、ノートに書いた自己PRや志望動機を頭の中で再度整理しながら、穏やかな態度で静かに待つのがスマートです。

⇨ すかさず社内環境をチェック

　この時間は、応募者側が会社を判断する良い機会でもあります。控え室の様子だけでなく、垣間見える社内の様子、すれ違う社員の態度（挨拶、会釈、道をゆずるなど）、トイレの状況（清潔か、整理整頓されているか、私物などが出しっぱなしになっていないか）など社内環境をチェックし、そこから会社の雰囲気を感じ取りましょう。

　自分自身の身だしなみをチェックする意味でも、早めに到着して、先にトイレに行っておくとよいでしょう。

Chapter 3
面接以前のマナーと常識

入室時
| ❌ 何も言わずにそのまま入る | → | ⭕ 「失礼します」としっかり挨拶 |

他の応募者に対して
| ❌ 挨拶をしない or 馴れ馴れしく話しかける | → | ⭕ 笑顔で挨拶をして、静かに座る |

待ち時間の使い方
| ❌ 携帯電話を操作 or 新聞・雑誌を広げて読む | → | ⭕ 会社情報やノートを見直して、面接準備をする |

★ **面接に向けての最終リハーサル！**

歩き方、お辞儀、座り方で差をつける

no. **12**

>> THE SECRET OF THE INTERVIEW TO PASS #12

⇨「きれいな姿勢」が最大のポイント

　第一印象に影響するのは、歩き方、お辞儀、座り方などの「基本動作」です。これらは少し気をつけるだけでグンと印象が良くなります。
　その動作の決め手は「姿勢」です。何をするにも背中を丸めた猫背の姿勢では、信頼できるビジネスマンとしての印象とは程遠くなってしまいます。歩くときには背筋を伸ばし、胸を張って、足を引きずらないように歩きましょう。お辞儀の場合も姿勢が大事。両足にしっかり重心を置いて胸を張って立ち、腰を基点に体を倒すイメージで背筋を伸ばしたまま頭を下げましょう。丁寧なお辞儀のポイントは、①笑顔で相手を見て挨拶、②頭をサッと下ろす、③下げたところで一呼吸おく、④ゆっくりと頭を上げる、という流れです。

⇨ 座っているときでも気を抜かない

　面接中には、座り姿勢が印象を左右します。まず面接会場に入ったら、挨拶、お辞儀をし、「どうぞ」という一言の後に軽く会釈をしてから座ります。カバンを椅子の横に置き、背もたれは使わず、座面の２／３、または半分を使って腰かけます。背筋を伸ばし少し前かがみに座ると、面接官との距離が近づき意欲的に感じられます。
　ときに、話しているうちに背もたれに寄りかかったり、リラックスしすぎて猫背に戻ってしまう方がいますが、面談中は気を抜かないこと。慣れない姿勢は疲れるものなので、自宅で20〜30分間でも、この練習をしておくと、本番がラクになります。

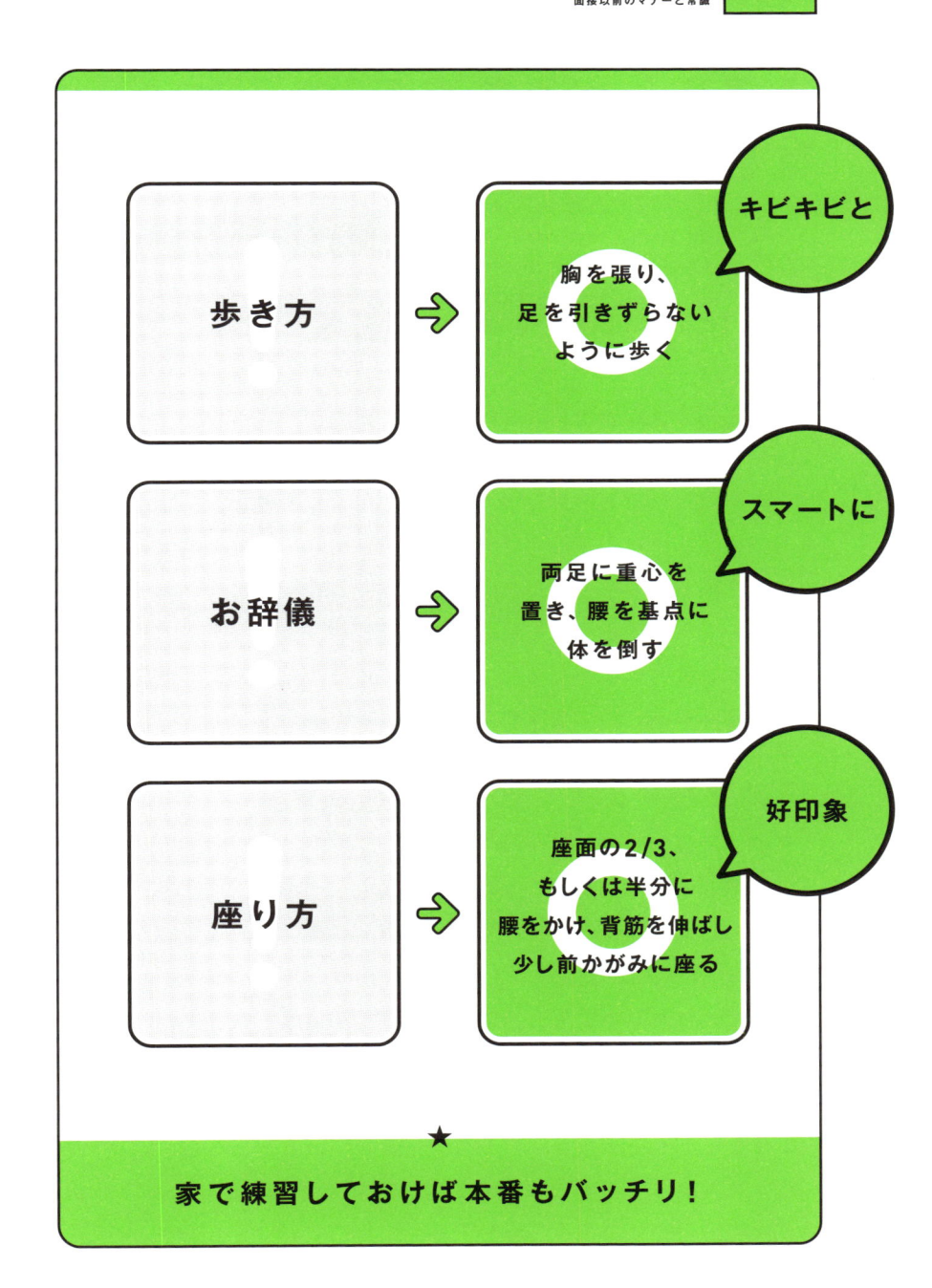

Chapter 3
面接以前のマナーと常識

歩き方	→	胸を張り、足を引きずらないように歩く（キビキビと）
お辞儀	→	両足に重心を置き、腰を基点に体を倒す（スマートに）
座り方	→	座面の2/3、もしくは半分に腰をかけ、背筋を伸ばし少し前かがみに座る（好印象）

★ 家で練習しておけば本番もバッチリ！

表情やしぐさにまで気を配る

no. **13**

>> THE SECRET OF THE INTERVIEW TO PASS　#13

⇨ 受け答えには「笑顔」を添える

　面接官は、話を"聞いて"いますが、"見て"もいます。したがって、話しているときの表情を再点検しておきましょう。

　話すときの表情のポイントは笑顔と目線。緊張して怒ったような表情になったり、無表情になってしまうのはとても残念。笑顔が苦手な人も訓練すれば無表情から脱出できます。また、視線が定まらずキョロキョロする、うつ向きがちになる、真剣さを伝えようと睨みつけてしまう、これらの目線にも要注意です。社会人として基本ですが、受け答えのときは相手の目を見て「うなずきながら、微笑みながら」を心がけてください。一呼吸おくときに一旦視線を外すのはOKです。

⇨ 無意識に出てしまうクセに注意

　表情、目線の他に気になるのが「クセ」です。貧乏ゆすりは落ち着きのなさを、頻繁に髪に手を持っていくのは不安感や自信のなさを、首をかしげながら受け答えをするのは内容に疑問を持っているかのような印象を与えてしまいます。気づかないうちにやってしまうことも多いので、注意しましょう。また、身振り手振りが大きく、あまりにもオーバーリアクションなのも稚拙に見え、ビジネスマンとしての信頼に欠けます。

　こうしたクセをチェックするには、話しているところを一度ビデオに撮って確認してみるとよいでしょう。話し方のクセなども含めて、意外な自分の発見があるものです。

Chapter 3
面接以前のマナーと常識

笑顔
無表情には要注意

目線
相手の目をしっかり見る

手の位置
ひざの上に置くのが基本

足のクセ
「貧乏ゆすり」は厳禁

★ 会話の内容以前に見られている！

「言葉遣い」で
マナー違反をしないために no. 14

>> THE SECRET OF THE INTERVIEW TO PASS #14

⇨ 最低限の敬語はマスター

　面接では、言葉遣いも大事な判断基準です。普段、目上の方や面識のない方との会話に慣れていないと、いざというときになかなか言葉が出てこないものです。社会人として当然使えるべき敬語が使えないと、「常識がない＝即戦力にはならない」というレッテルを貼られてしまいますので、最低限の敬語は使えるようにしておきましょう。

　ただ、面接は秘書検定のようにマナーの審査ではないですから、１００％完ぺきな敬語を使わなくても大丈夫です。敬語にばかり気を取られてしまうと、言葉が出てこなかったり、ヘンな日本語になってしまったり、かえってマイナスの影響が出てしまいます。肝心なのは、自分の言葉で伝えるべきことをしっかり表現することです。

⇨ 「はい」で受けてから答えよう

　言葉遣い同様に重要なのが、受け答えのしかたです。感じの良い受け答えは、何を聞かれても答える前に必ず「はい」で受けることです。例えば、「志望理由は？」に対し、「はい。御社を志望した理由は……です」のようにすることで、落ち着いた印象になり、焦って答える気持ちをクールダウンすることもできます。

　やってはいけないのが、面接官の質問が終わっていないのに話し出すことです。面接での受け答えは、面接官との「会話」でもあります。落ち着いて面接官との会話を楽しむくらいの余裕を持って、面接に臨めるとよいでしょう。

Chapter 3
面接以前のマナーと常識

押さえておきたい敬語

	丁寧語	尊敬語	謙譲語
言う	言います	おっしゃる	申す
行く	行きます	いらっしゃる	参る・伺う
来る	来ます	お越しになる	参る・伺う
見る	見ます	ご覧になる	拝見する
聞く	聞きます	お聞きになる	お伺いする
いる	います	いらっしゃる	おる
する	します	なさる	いたす
知る	知っています	ご存じになる	存じ上げる

押さえておきたい言い回し

✗	◎
すみません	申し訳ございません
わかりました	承知いたしました
どっち	どちら
こっち	こちら
きのう	さくじつ
きょう	ほんじつ
あした	みょうにち
あさって	みょうごにち

★ 「くだけた表現」は命取り！

好感が持てる
身だしなみは「清潔感」から no. 15

>> THE SECRET OF THE INTERVIEW TO PASS #15

⇨ 面接前に徹底チェック

　面接に限らず、交渉ごとや人との出会いでは、身なりがとても大事。特に、その印象を左右するのが、髪型を含めた顔の周辺と持ち物を含めた服装です。

　ここで重要なのは「清潔感」です。朝起きたままのボサボサ頭、目にかかる長い前髪やハデすぎるカラーリング、肩のフケ、これらからは清潔感を感じられません。また、書類を差し出すシーンでは、手先、爪にも意外と視線がいきます。ビジネスマンとして、派手なネイルアートや伸び放題の爪はあまり良い印象につながりません。女性だけでなく、男性も手入れをしておきましょう。

⇨ スーツの着こなし方が重要

　面接にふさわしい服装として、男性は黒、紺、グレーのダークスーツが基本です。そして、業界の雰囲気に合わせてシャツ、ネクタイを選びます。シャツは白が無難でしょう。スーツは、シワが目立たないか、ほつれがないか、袖口が汚れていないか、ボタンが取れていないかといった基本的なことに注意しましょう。

　女性は、スーツかセットアップでジャケットを羽織るのが無難です。スカート、パンツスタイル、どちらでも問題ありません。ブラウスなどは、フリルやリボンが目立たない程度のデザインにしましょう。

　ただし、アパレルなど業界によっては、その会社で扱っているものや雰囲気に合わせた私服のほうがふさわしい場合もあります。

Chapter 3
面接以前のマナーと常識

- 髪・顔まわりの印象が大事
- 服装・持ち物が大きく影響
- 清潔感が最重要
- 次のページのチェックリストで要確認！

★ 見た目で「デキる」と思わせる！

> 身だしなみチェックリスト

男 性 編

髪	☐	サイド、後ろの髪は肩にかかっていないか
	☐	もみあげは長くないか
	☐	全体的にまとまっているか（ブラシを通しているか）
	☐	ムースで立てていないか
	☐	ヘアカラーはしていないか
スーツ	☐	肩幅、袖丈、すそ丈は体型に合っているか
	☐	汚れはないか
	☐	ボタンは取れていないか
	☐	すそはほつれていないか、長さは適切か
	☐	肩にフケは落ちていないか
シャツ	☐	首まわりと袖丈のサイズは合っているか
	☐	首まわり、袖口は汚れていないか
	☐	アイロンはかかっているか
ネクタイ	☐	柄・色はオーソドックスなタイプか
	☐	結び方が不自然ではないか
靴	☐	足のサイズに合っていて、疲れにくく滑りにくいものか
	☐	形はオーソドックスなタイプか
	☐	汚れていないか
その他	☐	ベルトは、シンプルなシルバーのバックルで靴の色と一緒か
	☐	鞄は、A4サイズの書類が入り、ブランドが目立たないものか
	☐	肌着は、白でシャツに色や柄が写らないか
	☐	靴下は、ビジネス用の（暗めの）もので長さは適切か

Chapter 3
面接以前のマナーと常識

女性編

髪	☐	前髪は長すぎないか
	☐	サイドの髪はお辞儀のときに邪魔にならないか
	☐	全体的にまとまっているか
	☐	華美なヘアアクセサリーをつけていないか
	☐	ヘアカラーは派手ではないか
お化粧	☐	ナチュラルメイクか（化粧品業界の場合は基準が異なる）
	☐	唇の色は健康的か
	☐	眉は整えてあるか（不自然に手が入りすぎるのもNG）
	☐	化粧はくずれていないか
スーツ	☐	肩幅、袖丈、すそ丈は体型に合っているか
	☐	汚れはないか
	☐	ボタンは取れていないか
	☐	スカートのすそはほつれていないか
	☐	肩にフケは落ちていないか
ブラウス	☐	フリルやリボンは目立たないデザインのものか
	☐	袖口は汚れていないか
	☐	アイロンはかかっているか
ストッキング	☐	色は濃すぎないか
	☐	伝線していないか
靴	☐	ヒールの高さは適当か
	☐	形はオーソドックスなタイプか
	☐	汚れていないか
その他	☐	鞄は、A4サイズの書類が入り、ブランドが目立たないものか

COLUMN 3

嘘をつかない、見栄を張らない、失敗を隠さない

―― コラム3 ――

　面接官は百戦錬磨。たくさんの応募者に会って、会話をしているので、応募者が嘘をついているか、嘘でなくても話を誇張しているかはすぐにわかります。嘘をつき、その嘘を嘘でカバーし、しどろもどろになっていく応募者を、何人も見てきました。自分自身で玉砕していくパターンは、とても悲しいです。嘘をついても、見栄を張っても、化けの皮はすぐにはがれてしまいます。

　嘘をついて入った会社で本当に自分の力を発揮できますか？　実力を誇張して入った会社で、期待に応えられますか？　プレッシャーに押しつぶされませんか？　楽しく仕事ができますか？　そんなことを考えてほしいです。ぜひ等身大の自分で正々堂々と話をしてください。

　失敗談も、人柄を伝える良い材料です。人間、失敗のない人なんていません。だからこそ、失敗して、それをどうリカバリーしたかで、人間性がわかるのです。失敗をしている人は、成長のチャンスが多くあった証拠でもあります。ぜひ、正直になって、人間味あふれる話をしてほしいと思います。

chapter

4

no. 16 ⇨ 28

「定番質問」には
こう答える

　ここでは、実際によく聞かれる質問を取り上げて、ポイントとその回答例を紹介していきます。採用側は、定番質問にはスムーズに答えて当たり前と思っています。ですから、初歩的なことでつまずいているのを見ると、頼りなさを感じてしまうものです。
　信頼感を勝ち取るためにも、ここはしっかり押さえておきたいところです。面接の最初のほうに聞かれることが多いので、この先の面接をうまく乗り切るためにも、迷わず答えられるようにしておきましょう。

★

THE SECRET OF THE INTERVIEW TO PASS
CHAPTER 4

まずは質問の流れを押さえよう

no. **16**

>> THE SECRET OF THE INTERVIEW TO PASS　#16

⇨ 自己紹介→志望動機→退職理由→スキル確認

　面接の質問は、おおむね次のような順番で進んでいきます。①導入→まずは雰囲気づくり。「駅からの道順はわかりましたか？」など、応募者をリラックスさせる簡単な質問。②人物の確認→「自己紹介をお願いします」や「自己ＰＲをしてください」など、自分自身をプレゼンテーションしてもらうことで、どのような人物かを確認。③仕事に対する姿勢の確認→志望動機を尋ね、会社のことを調べてきているか、仕事に対するモチベーションは高いかを確認。さらに、退職理由を聞くことで、以前の会社での仕事の状況や、組織に馴染むことができるかなどを確認。④スキルの確認→希望する職種とスキルがマッチするかを確認。⑤まとめ→「何か質問はありませんか？」など、まとめの質問。面接は、このような流れで進んでいきます。

⇨ 内定が近ければ条件の確認も

　さらに、面接が進み、採用したい人物であると判断された場合には、条件確認の質問をすることがあります。この類の質問があった場合、最終段階に近づいていると考えてよいでしょう。ただし、労働条件が厳しい職場やなかなか定着が進まない職場などでは、初期の段階から条件確認の質問をし、応募者の覚悟を見る場合もあります。いずれにしても、全体の流れをある程度理解しておけば、慌てることなく、落ち着いて対応することができるでしょう。

Chapter 4
「定番質問」にはこう答える

質問の流れ

① 導入
「駅からの道順はわかりましたか?」 etc.

⬇

② 人物の確認
「自己PRをしてください」 etc.

⬇

③ 仕事に対する姿勢の確認
「なぜ、当社に応募したのですか?」 etc.

⬇

④ スキルの確認
「当社で活かせる強みは何ですか?」 etc.

⬇

⑤ まとめ
「質問はありませんか?」 etc.

★ **全体の流れがわかれば慌てない!**

「自己PRを
してください」

no. **17**

>> THE SECRET OF THE INTERVIEW TO PASS #17

⇨ 特に営業職で重視される"プレゼン力"

　人柄や能力に加え、プレゼンテーションスキルの有無を確認する質問です。3分間や1分間など時間を制約することでプレッシャーを与え、その中でどう的確に表現するのかも見ています。時間を言われただけで動揺してしまわないよう、事前にしっかり準備をしておきたいところです。

　特に営業職において、プレゼンテーションスキルは重要な判断のポイントになります。話の流れができているか、相手を引きつける話し方ができているかなどを中心に見られます。

⇨ 話の流れは4ステップで

　話の順序としては、①自己PRのポイント→②その理由→③それを説明する具体的事例やエピソード→④最後にもう一度ポイント、という流れが理想的です。例えば、「私を一言で申しますと○○な人間です。と言いますのは△△だからです。以前、こんなことがあり……。以上のように、私の強みは○○なところです」と、この順番に沿って話すと理路整然と話せる上に、相手にも内容がスッキリ伝わります。

　また、いくら準備してきたことだとはいえ、待ってましたとばかりに一気にまくしたてて話すのは印象が良くありません。自己PRを始める前には、「このようなチャンスをいただきありがとうございます」など、簡単なお礼から入ると、気遣いや落ち着きが感じられ、良い印象が残ります。

Chapter 4
「定番質問」にはこう答える

> 何に関しても、やる気だけは誰にも負けません。これが一番の強みです。この気持ちを忘れずに、仕事に臨みたいと思います。

（「やる気」だけを押すのは稚拙な印象）

（もっと具体的なアピールポイントがほしい）

⬇

「サポート力」をアピールする場合

> 私は、自分よりも相手のために動くときにパワーを発揮します。大学時代には、ラグビー部のマネージャーとして4年間在籍し、選手が何を求めているのか、次に何を期待しているのかを察知して日々動いていました。私のサポートやアドバイスで相手が喜んでくれたときに、大きな喜びを感じることができました。営業事務でもこの部分を活かし、効率的な業務サポートをし、営業の方が全力を発揮できる環境をつくっていきたいです。

（営業事務の仕事で活かせることを伝える）

「気遣い力」をアピールする場合

> 私を一言で申しますと律儀な人間です。と言いますのは、人から何かをしてもらったときには、その場でお礼をするのはもちろん、必ずその日中にお礼のメールを送り、感謝の気持ちを伝えるようにしています。その点に関して、よくお客様からお褒めの言葉をいただきました。結果として、それが契約のきっかけになったことも数多くあります。このように、律儀な部分は今後の仕事においても活かせる自分のアピールポイントだと思います。

（「褒められた」という具体的エピソードを伝える）

★
「自分の良さ」を売り込もう

「あなたの長所と短所を教えてください」

no. **18**

>> THE SECRET OF THE INTERVIEW TO PASS #18

⇨ 仕事内容に合わせたアピールを

　この質問では、人柄や性格を確認します。伝えるときのポイントは、主観的ではなく客観的な視点から伝えること。また、職場や職種によって重視する性格が異なることもあるので、応募する職種の特性を理解しておくことが大切です。例えば、営業職の場合、フットワークが良く、新しいところに臆せず入っていける人物であること、体力的にハードな職種の場合には、忍耐力や粘り強さがあることなどをアピールします。

⇨ 表現次第で短所も長所に

　採用側の頭の中に、会社の中で長所を発揮して働いている応募者のイメージが浮かべば、採用にグッと近づきます。そのためには、具体的なエピソードが不可欠。イメージをふくらませてもらうためにも、「以前、こんなことで上司に褒められました」「お客様に○○と言われたことがあります」など、情景を思い起こさせる事例を話すことです。

　また、短所も隠さずに伝えましょう。短所のない人間などいませんし、いいことばかり言っているだけでは信用されません。言い方次第では、短所も長所としてアピールすることができます。例えば、「熱しやすく冷めやすい」などは、「ときに熱中しすぎて時間の感覚がなくなってしまうことがある」といった表現で、裏をかえせば「仕事熱心」であることを伝えられるような言いまわしがよいでしょう。

Chapter 4
「定番質問」にはこう答える

> 長所は、何事にも一生懸命に取り組むことです。短所は、特にありません。

- 長所はもっと詳しく伝える
- 短所がないと自己分析が甘いと思われる

⬇

「人当たりの良さ」が長所の場合

長所は、新しいところに臆せず入っていけることです。新規営業ではその性格を活かし、顧客の開拓に積極的に取り組みたいと思います。短所は、頼まれると断れないところです。以前、お客様の急用を作業量も考えず受けてしまい、納期直前に他のメンバーに手伝ってもらうことになり、チームに迷惑をかけたことがあります。それ以後は、二度と同じことを繰り返さないよう、段取りと優先順位を考えて仕事を進めています。

- 新規営業で力を発揮できることをアピール

「体力があること」が長所の場合

長所は、人並み以上に体力があるところです。大学まで10年間続けてきた野球で培われた基礎体力には、特に自信があります。連続勤務や長時間の仕事などにも十分対応できます。短所は、ときに熱中しすぎて時間を忘れてしまうところです。今は、計画を立てるクセをつけるため、常に手帳を持ち歩き、意識的にタイムマネジメントに気を配るようにしています。

- スポーツと絡めて体力をアピール

★ **短所をどう克服したかが重要！**

「なぜ当社に応募したのですか？」

no. **19**

>> THE SECRET OF THE INTERVIEW TO PASS　#19

⇨ 前向きな志望理由が必須

　志望動機にかかわる質問です。採用側は、回答を２つの側面から確認します。①単純に応募の動機を聞くことで仕事に対する意欲を確認。②転職理由がネガティブなことではないかを確認。特に、前職での問題などを引きずっていないかどうかも確認します。この２つの視点を意識した回答をすることで、採用に一歩近づきます。

⇨ 倒産やリストラでも、会社批判はNG

　応募の経緯には、いくつかのパターンがあります。一つは、これまでの仕事の延長線上に転職があり、ステップアップを目指しているケース。業種や職種を変えたとしても、これまでにやってきた仕事のスキルや知識を活かし、さらにレベルの高い仕事に挑戦したいというものです。この場合は、仕事に対する意欲や前向きな動機を正直に話せばOKです。

　やっかいなのは、会社の倒産やリストラなど、自分の意志とは違ったところで転職せざるをえないというケースです。応募の前提が、自分以外のところで決まっていることから「私の本意ではない」「状況がこうなったのでしかたなく」といった気持ちが出てしまうことがあるので注意が必要です。言葉の端から「私のせいではない」という気持ちが伝わると、どうしてもネガティブな方向にいき、印象は良くありません。このような場合は、批判的な思いは胸の内にしまっておき、面接では、前向きに志望の理由を伝えるようにしましょう。

Chapter 4

「定番質問」にはこう答える

以前の会社は、仕事内容が自分には合わないと感じていたので、今回ずっと働きたいと思っていた御社に応募しました。

> 「前の会社が合わないから御社」では消極的

> 仕事に対する熱意を感じない

⬇

商品開発系を志望する場合

御社の商品○○を以前から使用しております。女性の目線に立った素晴らしい商品で、使用しながら、これを生み出したきっかけや背景などを考え、ぜひ自分もこのような商品開発に携わりたいとずっと思っておりました。前職の仕事にもやりがいはあったのですが、御社の採用の記事を見つけ、転職の決断ができました。ジャンルは違いますが、今までに培った商品知識やマーケティングのノウハウを活かし、新しい視点に立った企画立案をしていきたいと思います。

> 商品を実際に使っていることをアピール

デザイン系を志望する場合

そろそろ次のステップを踏み出したいと考えていたところ、会社の経営状態が芳しくなくなり、これを機に転職を決断いたしました。御社が業種を問わず様々な企業様と取引されていることを知り、これまで5年間で20社以上の企業Webデザインを手がけた経験を、十分に活かせると感じました。今でもスキルを維持するため、週1回デザインの学校に通って勉強を続けています。これからも多くのお客様に満足いただけるデザインを提供していきたいと思います。

> これまでの経験とスキルをアピール

★

「ネガティブな理由」は封印！

「この仕事（職種）を選んだ理由は何ですか？」

no. 20

>> THE SECRET OF THE INTERVIEW TO PASS #20

⇨ これまでのキャリアと関連づける

　この質問は、①仕事に対する熱意や意欲を知る、②本人のキャリアと応募職種が合致しているかを確認する、という２つの側面を持っています。どの程度やる気を持って応募してきているか、表面上の華やかさや憧れだけで応募してきていないか、仕事の内容をきちんと理解しているか、これまでのキャリアをしっかり活かせるか、即戦力として期待できるか、といったことを中心に見ます。

　アピールすべきポイントは、「仕事への姿勢」「キャリアとの関連性」「即戦力になること」の３つです。この視点でまとめておくと、採用側が満足する回答をすることができます。

⇨ 「頑張ります！」では説得力ゼロ

　この質問に的確に答えるには、仕事の中身を理解していることが重要です。新卒の面接とは違い、やる気や元気をアピールするだけでは物足りません。「職種は何でも構いません。とにかく頑張ります」のような内容は、「何もできませんが、入社させてください」と同じ意味です。そうならないためには、応募した仕事がこれまでのキャリアの延長上にあることや、今までのこういう経験を活かせるといった「自分のキャリア」に関連づけた話が必要です。

　たとえ同じ業界でなくても「活かせる経験」を見つけ、それをアピールすることで、採用側に「応募者がその会社で働いているイメージ」を持たせることができ、内定に近づくものです。

Chapter 4
「定番質問」にはこう答える

> 前の仕事よりも充実感を得られると思ったので応募しました。一生懸命働いて会社に貢献したいと思います。何でもしますので、入社させてください。

- 志望する具体的な理由がない
- 「何でもします」は転職では通用しない

⬇

営業系を志望する場合

> 以前から法人営業をやりたいと思っていました。扱う商品の規模や金額が大きい分、責任も増しますが、それだけにやりがいを感じ、チャレンジ精神が湧き上がってきます。御社のOA機器は、これまでの会社でも使っており、ある程度の商品内容は把握しております。使いやすさやアフターサービスの良さをアピールし、より多くの企業様に御社の商品を使っていただけるよう営業して参ります。

- 仕事の中身を理解していることをアピール

サービス系を志望する場合

> これまで、大きな施設だったため作業が分業化されており、個人の方と深くかかわり合うことがなかなかできず、もどかしさを感じていました。地域に根ざした御社の施設でしたら、私が理想とする個人の方へトータルでの手厚いサポートができると思っています。業務内容そのものは同業種ということもあり、ある程度把握していますので、今までの経験を活かしつつ仕事をしていきたいと思います。

- 同職種ゆえの即戦力をアピール

★ **「即戦力になれる理由」を深めておく**

「当社についてどのくらい知っていますか？」

no. **21**

>> THE SECRET OF THE INTERVIEW TO PASS #21

⇨ 志望の「本気度」を見られる

　仕事に対する意欲と、業務への取り組み姿勢を見る質問です。採用側は、「当然、事前に会社のことは調べてきている」という前提で面接をします。最低限の情報として、どのような会社なのか、規模はどのくらいなのか、何を扱っているのか、事業展開はどうなのか……。企業の情報を集めておくのは、面接を受ける上で、基本中の基本です。

⇨「メイン商品」「強み」は事前に把握

　会社の情報をほとんど持たずに面接に臨み、「御社に入りたいです。この仕事を希望しています」と言ったところで、採用側は信用できません。やる気や熱意を感じないばかりでなく、「訪問マナーを理解していない人」「ビジネスマインドのない人」と捉えられてしまいます。新しい仕事を任せる場面になったとき、大した準備もしないで"ぶっつけ本番"で臨むような社員では、リスクが高すぎて採用する気持ちにはなりません。また、志望動機でどんなに良いことを言っても、この質問でアタフタしているようでは、「結局、勤務地や労働条件で選んで、後で志望動機をこじつけたのだろう」と思われてしまいます。

　そうならないために、①会社の基本情報（経営理念、規模など）、②事業内容と今後の方向性（メイン商品、新事業など）、③競合他社との比較（優位性、弱点など）、を事前にある程度まとめておき、臨機応変に答えられるようにしておきましょう。

Chapter 4
「定番質問」にはこう答える

> 御社の化粧品は有名ですので、よく知っています。広告も見かけますし、多くの女性に支持されているところがとても魅力的です。

- 一般的な情報だけではインパクトがない
- 企業研究を深くしていないのが丸見え

⬇

多くの商品を扱っている企業の場合

御社の商品についてはロングセラー商品の○○はもちろんのこと、新商品△△や□□にも注目しています。男性向けの商品◇◇は、業界全体が女性向けに特化している中で、とても斬新な商品だと感じました。また「常にお客様目線」という企業理念にも大変共感いたしました。エンドユーザーを見据えた商品づくりは、この業界において非常に重要な視点だと思います。

- 「商品情報」「企業理念」を伝える

歴史ある企業の場合

今年で創業80年という長い歴史を持つ銀行と存じております。昨年、○○銀行と業務提携され、首都圏だけでなく関西地方へも営業範囲を広げられました。今後、関西の大都市である大阪で地位を確立すべく、地域に合ったより良いサービスの提供ができるよう新しい提案が求められると思います。御社の事業発展に向けて、その業務の一端を担えるような仕事に携われたらと思っております。

- 「会社沿革」「最近の動向」を伝える

★
「企業研究」は基本中の基本！

「なぜ前の会社を辞めた （辞めたい）のですか？」

no. **22**

>> THE SECRET OF THE INTERVIEW TO PASS #22

⇨ 円満退職だったか気になるところ

　仕事への意欲を確認するとともに、円満退職であったかどうかを確認するための質問です。特に、辞め方を気にする企業は多いものです。

　前職の辞め方によっては「入社して同じことを繰り返されては困る」「トラブルメーカーは避けたい」と不安になることも……。採用側の不安を解消するためにも、退職理由は明確に答えるようにしましょう。

⇨ さらなる飛躍を誓おう

　ここでは、退職理由だけを淡々と答えるのではなく、「次のステップを踏み出すために」「将来を見据えて転職した」「前職を通じて、もっとやりたいことを発見した」など前向きな話ができると、印象の良いアピールになります。

　もちろん、取り繕うことなく正直に答えるのが大事ですが、そうはいってもネガティブな理由をとうとうと答えるのは禁物。退職時の気持ちが整理されてない部分があると、つい愚痴のようなことを言ってしまいます。すると、声も表情も暗くなり印象は最悪。たとえ、前の会社で理不尽なことがあっても、それはもう済んだことですので、前を向いて気持ちを切り替え、転職活動に臨んでください。また、「こんなにひどい会社でした」と言って同情してもらったり、共感してもらっても、それは何のアピールにもなりません。「将来のビジョンがあること」「前向きに進んでいること」を最大限にアピールしましょう。

Chapter 4
「定番質問」にはこう答える

仕事が激務で、職場の人間関係もあまり良くなかったので辞めました。上司や先輩は自分のことしか考えていなくて、誰も助けてくれませんでした。

> 前の会社の愚痴は言わない

> ネガティブな話で終わるのはNG

貫きたいビジョンがある場合

会社が、業種を絞った営業へとシフトチェンジしました。私は今までのお客様とのつながりを含め、様々な業種への営業展開は可能であると思っていましたので、このやり方で営業をしていきたいという思いを捨て切ることができませんでした。さらなる飛躍のためにも、この土俵で今以上に戦えたらと思っています。御社ではそれが可能であると感じています。

> 今以上の躍進をアピール

ステップアップを希望する場合

前職では5年間、医療事務として経験を積んできました。やりがいもありましたし、このまま働くことを周りの方も望んでいてくださいました。しかし、総合病院であるため患者様のサポートに深くかかわることができず、日々歯がゆさを感じていました。そんな折、御社の求人を見つけ、これは自分自身ステップアップするチャンスだと強く感じ、前職を辞める決断をいたしました。

> 前向きな理由をアピール

★ **愚痴や言い訳には要注意！**

「以前（今）の仕事内容はどのようなものですか？」 no.23

>> THE SECRET OF THE INTERVIEW TO PASS #23

⇨「成果を出せる人物か」を判断

　応募者のキャリア（経歴）を確認することで、その人の業務遂行能力を探る質問です。自社の仕事を遂行する能力があるか、成果を出せる人物であるかを判断するのです。

　具体的な仕事の内容はもちろんのこと、①成果を出すために工夫したこと、②次の職場で活かせること、この2点も採用側が知りたい内容です。ここでは、「成果を上げるために取り組んできた過程」を端的に伝えましょう。

⇨「仕事の大きさ」よりも「内容」が大事

　また「その仕事の中ではどのような役割でしたか？」といった質問から、組織の中でのポジションを聞き出すこともあります。応募者がその仕事を本当に担当したのか、どの程度コミットメントしていたのかを採用者は確認します。ときに、「3億円のビッグプロジェクトを担当しました」といったことを言う人がいますが、よくよく聞いてみると、プロジェクトの末端で雑用を請け負っていただけというケースもあります。ここでは、深く突っ込んだ質問をされることが多くあるので、あまりいい加減なことは言わないようにしましょう。

　アピールが必要とはいえ、必ずしも規模の大きな仕事を挙げなければならないということではありません。自分が自信を持って語れる内容を伝えることが一番。正直に、正々堂々と話すことのほうが、大きなアピールにつながります。

Chapter 4
「定番質問」にはこう答える

> 企画営業をしていました。社内の3億円のビッグプロジェクトにも参加し、売上にも貢献しました。

- どんな営業をしていたのかイメージできない
- プロジェクトで何を担当していたのか不明

⬇

営業系の仕事をしていた場合

> 住宅メーカーで、リフォームを中心とする営業をしておりました。お客様のニーズに合った提案をするため、レコード好きの方とレコード店を巡ったり、ゴルフ好きの方と一緒にコースをまわったりと、趣味の時間を共有する中で、独自の提案をして参りました。お客様に寄り添い、心から喜んでもらえる提案をすることで、結果、○○支店の年間売上の優秀賞を獲得することができました。

- 自分の営業スタイルをアピール

クリエイティブ系の仕事をしていた場合

> 企画制作部という部署で、主にアパレルや食品関係のカタログデザインを担当しておりました。実際のショップや店舗に通い、ブランドに合ったデザインというものを心がけてきました。その成果もあり、昨年は5社競合のデザインコンペにおいて、200ページ規模のカタログを見事受注することができました。その際は、ディレクターとして制作進行に携わり、スケジュール調整や予算管理なども行いました。

- ポジションや仕事内容を具体的にアピール

★
「自己PR」も折り混ぜよう！

「当社で活かせる強みは何ですか？」

no. 24

>> THE SECRET OF THE INTERVIEW TO PASS #24

⇨ 自慢話より現実的なスキルの話を

　主に「即戦力」の人材かどうかを判断する質問です。採用するにあたって、「採用しても損しない人物かどうか」を見極めます。募集している職種に対して活かせるスキルを持っているか、スキルはあるようだが当社で通用するものなのか、採用側はここを一番に確認します。

　注意したいのは、「やりたいことはハッキリしているが、できることは少ない」というイメージを持たれないようにすることです。夢、希望、憧れなどを語るのは良いのですが、応募者の夢を叶えるために会社が存在しているわけではありません。会社に利益をもたらす人物がほしいから採用をするのです。会社や仕事に関係ないスキル、知識を自慢するのではなく、「会社に活かせる強み」を伝えましょう。

⇨「厳選すること」で強みが引き立つ

　ポイントは、自分が持っている知識、スキルをすべて伝えようとするのではなく、募集している職種をよく理解し、その業務を遂行する上で必要な、あるいは関連する知識やスキルにスポットを当ててアピールすることです。イチから全部を伝えるのではなく、会社に合ったものを「厳選して」伝えることで、あなたの強みが引き立ちます。

　今までとは異なる業界でも、通用するスキルは必ずあります。違う業界、違う業種だからこそ、新しい発想で知識を活かせるということもあるはずです。

Chapter 4
「定番質問」にはこう答える

経験がないので、この仕事に対する強みはすぐに思い浮かびませんが、今後業務をする中でつくっていきたいと思います。

> これまでの経験を一つも活かせないでは困る

> 「即戦力」という点で採用されない

⬇

「経理の経験」を活かす場合

経理という仕事において、数字の処理能力は誰にも負けません。素早く処理するのはもちろんのこと、間違いがないよう確実に処理していくのが得意です。経理は信頼性が重要だと心得ています。これまでの業務では、決算処理やIR資料の作成にも携わってきましたので、経理に関しては一通りの業務知識は持っております。

> 何がどのくらいできるのかを詳しくアピール

「負けず嫌いな性格」を活かす場合

小学校からの12年間、柔道を習っており、根っからの負けず嫌いです。そのため、決めたことは最後までやり遂げます。この先、どんな困難にもめげることなく目標を達成するという点で、御社に貢献できると思っております。以前の会社では、この性格を活かし、同期には負けないと心に決め、入社1年目の営業実績で最優秀賞に選ばれました。売る商品は違えど、御社でも常に1位を目指して取り組んでいきたいと思っております。

> 今までの実績も一緒にアピール

★
自信を持って伝えることが大切！

「当社でどんなことを やりたいですか？」

no. 25

>> THE SECRET OF THE INTERVIEW TO PASS #25

⇨「どう貢献できるか」がポイント

　この質問では、①仕事内容を理解して応募しているか、②長期的なビジョンを持って応募しているかを確認します。

　一方的に自分のやりたいことだけを伝えるのではなく、業務を理解した上で、会社側に立った視点で希望を伝えることが大事です。例えば、「○○をやらせていただくことで、御社に△△での貢献ができたらと思っております」など。自分が「やりたいこと」で「どんな貢献ができるか」を伝えましょう。

　また、入った後の長期的なビジョンを伝えることで、採用側に「すぐ辞めないこと」「無計画な転職ではないこと」を理解してもらい、安心感を与えましょう。「曖昧な職業観＝仕事に対していい加減」という構図になりますので、仕事内容の基本をある程度理解した上でビジョンを伝えることです。

⇨「御社で勉強させていただきます」はNG

　話の流れとしては、「前職を通じてもっとこんな仕事がしたくなった」→「さらに将来はこんなことも手がけてみたい」→「結果、御社にこんな形で貢献できると思う」というような答え方がよいでしょう。やりたいことを前向きに伝えるのは必須ですが、「御社で勉強させていただきます」は転職の場合はNGです。会社は、個人の勉強の場所ではありません。謙虚に言っているのかもしれませんが、"受け身な感じ"に取られがちですので、言いまわしには注意が必要です。

Chapter 4
「定番質問」にはこう答える

> 何でもやってみたいです。初めてのことが多いので、勉強させていただき、イチから頑張りたいと思います。

「何でも」より「コレ」というものがほしい

「イチから頑張る」では頼りない

↓

出版系を志望する場合

> 以前の仕事では、主に社内報の企画編集を担当しておりました。書籍となると異なる部分も多くありますが、効率的な仕事の進め方やスケジュール管理などの部分に関しては、御社でも活かすことができると思います。目標は、読者参加型の新しい書籍をつくることです。主に、読書離れが進む20代をターゲットにした書籍をつくれたらと思っております。

新しいことに取り組む姿勢を伝える

アパレル系を志望する場合

> アパレルの中でも、特にバッグや帽子などの小物に興味があるので、それに関連する販売促進を中心にしていきたいと思います。これまでも、休日は原宿や渋谷など流行の発信地に足を運び、生の情報を得て参りました。今までに収集した情報を、仕事でも活かしていきたいです。ただ、希望は申しましたが、まだ20代である自分の立場はわきまえていますので、やるべき仕事や求められる仕事については、積極的に取り組んでいきたいと思います。

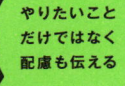

やりたいことだけではなく配慮も伝える

★
「やりたいこと＝会社の役に立つこと」の視点で

「残業が多いですが大丈夫ですか？」

no. 26

>> THE SECRET OF THE INTERVIEW TO PASS #26

⇨ 気力・体力の両方をアピール

　仕事への覚悟を確認する質問です。仕事の実態を把握した上での応募かどうかを採用側は見ます。労働条件が厳しい職場や、一定のサイクルで締切りがある仕事では、ある程度、残業に対する覚悟がないと乗り切れません。せっかく採用しても、早い時期に辞められてしまうのは会社にとって大打撃。社員の定着を図るためにも、事前に確認することは必要なのです。

　ここでは、以前の会社での残業の話をするのが効果的です。例えば、「以前の仕事にも締切りがあり、直前の1週間は毎日終電ということもありました」など。また、「学生時代に4年間、○○（スポーツ）をやっており、過酷な練習を積み重ねてきましたので、体力には自信があります」「現在、趣味でジョギングをしており、健康管理には気を遣っているので、ハードな仕事もクリアする自信があります」というような答えも、採用側の安心材料になります。

⇨ 何度聞かれても動じない

　採用側は、本音を確かめたいと思っているため、繰り返し質問をしてくる場合があります。「終電が続くこともありますが、本当に大丈夫ですか？」と何度聞かれたとしても、落ち着いて「大丈夫です」と伝えましょう。この質問は、場合によっては、面接終了後の雑談の中で振られることもあるので、最後まで気を抜かずにいることです。

Chapter 4
「定番質問」にはこう答える

> 学生時代から続けている習いごとがあり、できれば残業はしたくありません。就業時間内での業務を希望します。

- 自分のことだけしか考えていない印象
- 業務についての把握が足りないと思われる

⬇

「体力」を一緒にアピールする場合

> 急な残業にもしっかり対応いたします。一見、体力がなさそうに見えますが、実は高校、大学と空手をしており、周りの同年代の男性以上に体力には自信があります。業務上忙しい時期があると心得ていますので、問題ございません。毎日終電といったような、恒常的な残業には、業務改善や進行の見直しなどで、自分なりに対処していきたいと思っております。

- 仕事の実態を把握していることを伝える

「経験」をもとにアピールする場合

> 以前、新規事業のサブリーダーを任されたときには、1カ月間毎日、残業していましたが、体調を崩すことなく業務をまっとういたしました。もちろん必要な残業には対応いたしますが、できるだけ残業しなくても済むようにスケジュール管理を徹底し、コスト意識を持ちながら、業務に取り組んでいきたいと考えております。

- 以前の会社でのエピソードを伝える

★ **安心材料を提供しよう！**

「他にどんな会社を受けていますか？」

no. 27

>> THE SECRET OF THE INTERVIEW TO PASS #27

⇨「真剣に転職活動をしているか」を確認

　志望業界や職種の整合性を見る質問です。受けている会社の業界、職種を聞き、志望している仕事に一貫性があれば、自社を受けている理由にも信用が置けます。

　一方、業界がバラバラ、業種もバラバラでは、何でもかんでも手当たり次第に受けている感じがして、「条件だけで応募してきたのではないか」と疑いたくなります。また、「御社しか受けていません」となると、「本当に1社だけで大丈夫なのかな」「転職活動を真剣にしているのかな」と思い、不安になるものです。

　どういう業界を何社ほど受けているのかは、しっかり整理して答えられるようにしておく必要があります。採用側は、志望している業界や職種の整合性を確認することで、真剣に転職活動をしているか、仕事に対しても真剣に取り組める人物であるか、またビジョンを持って仕事を進める人物であるかを判断するのです。

⇨ 志望している仕事の「一貫性」を伝えよう

　回答のポイントは、転職活動に関して計画を立てて進めていることをアピールすることです。この応募には理由があって、だからこそ他社の応募にも意味があると相手を納得させられる応答ができることが大事。また、面接の段階が進んでいる会社がある場合には「他社の採用も今進行しておりまして、最終面接まで進んでいます」と正直に伝えることで、「他社も選んでいるなら」と採用側も興味が湧くものです。

Chapter 4
「定番質問」にはこう答える

業種を絞らずに、いろいろな会社を受けています。

> 志望が曖昧で仕事に対するやる気を感じない

> 本気で転職をしようとしているのか不明

受けている会社がある場合

食品にかかわる営業に絞って5社ほど受けていますが、御社が第一志望です。それは、御社の「笑顔のために」という経営理念や、お客様に対する販売姿勢に共感できるからです。働いている方々がイキイキしているなど、社内の雰囲気にも魅力を感じています。ぜひ御社で働かせていただきたいと思っております。

> 「御社が第一志望」であることを伝える

受けている会社がない場合

正直に申しますと、転職活動を始めたばかりで、現在は御社のみ受けております。と言いますのも、御社が第一志望だからです。でも今後は、リスクマネジメントを考え、今までの経験を活かせる会社を探して応募していく予定です。

> 嘘をつかずに正直に伝える

★ **「計画性」がやっぱり大事！**

「今日の新聞で気になった ニュースはありますか？」

no. **28**

>> THE SECRET OF THE INTERVIEW TO PASS #28

⇨ 情報収集はビジネスマンの常識

　これは、情報に対する関心度、情報収集能力、情報を取得しようとする意欲や感度を見る質問です。ビジネスマンとして、仕事に関連する情報を集め、世の中の動きに敏感でいることは必須条件です。世の中のことは関係ない、自分の周りしか見ていない、というような視野の狭い人物では、将来の成長は期待できません。

　また、情報収集源はインターネットのみというような、偏った収集方法もあまり良い印象は持たれません。最近では、携帯電話、パソコン、インターネット、ＳＮＳなどで情報収集を済ませ、新聞を読まないビジネスマンが多く見られます。だからこそ、新聞や専門紙などで自発的に情報を得ているかも採用側は重視しているのです。

⇨ 志望業界のニュースは要チェック

　選んだニュースによって、応募者がどんな方面に興味、関心があるのかを採用側は知ろうとします。これが志望している業界にかかわるネタであれば、志望が本物であることが伝わります。少なくとも、世間を騒がせている重大ニュースや経済ネタは一通り把握しておきたいところ。それでも、その日に限ってニュースを把握していなかった場合には、正直に「申し訳ありません。本日はまだ新聞は読んでいませんが、最近のニュースで興味を持ったものとしては……」のように普段はしっかり目を通していることを伝え、仕事に絡めたニュースを取り上げることで、勉強熱心であることをアピールしましょう。

Chapter 4
「定番質問」にはこう答える

> 今日は面接の時間が早かったため、新聞はまだ読んでいません。最近のニュースでは、○○選手の結婚の話が一番印象に残っています。

- 面接時間のせいにするのは言い訳がましい
- 芸能やスポーツの話題はなるべく避ける

⬇

新聞をしっかり読んでいた場合

> 本日の新聞の中で一番気になった記事は、待機児童数ゼロに向けた市町村の活動報告です。地域によって待機児童数に差があること、また、取り組み内容も自治体によって大きく異なることは、この記事で初めて知りました。教育に携わる仕事を志望しているので、このような情報を収集しておくのは大事だと思っています。

- 志望業界のネタを取り上げる

新聞を読んでいなかった場合

> 申し訳ありません。本日はまだ新聞を読んでいませんが、最近のニュースで興味を持ったのは、外食産業の価格戦略についての一連の記事です。利用する側として低価格はありがたいのですが、一方で食品の安全にも関心があります。また、経営面において、コスト削減や利益の確保の仕組みなどについても、外食産業を志望する身として興味を持ちました。

- 最近のニュースを取り上げる

★
情報には常に敏感でいよう!

COLUMN 4

「いつから出社できますか？」と聞かれたら

コラム4

　そのものズバリ、いつから戦力になり得るのかを確かめる質問です。今後の仕事の計画を立てるために、在職中の応募者であれば、採用側が特に知りたい情報でもあります。今の仕事で重要なポジションにいる場合には、引継ぎに時間がかかることもあります。調整期間があまりにも長い場合には、採用を見送ることもありますので、引継ぎがあってもできるだけ早く入社できるよう努力する姿勢を伝えるのが大切です。これにより、仕事への意欲やタイムマネジメントができる人物であることもアピールできます。

　また、「いつからですと、御社にとって一番ご都合がよろしいでしょうか？」と、逆に質問してみるのも一つです。「すぐにでも来てほしい」と言われ、それが無理な場合でも「すぐにでも入社させていただきたいのですが、仕事の引継ぎがありますので、なるべく早く終わらせまして、入社できるよう準備いたします」など配慮の言葉を入れると好印象です。ここでは、「すぐにでも入社したい」という熱い思いを伝えることが一番。仕事への意欲を十分にアピールしましょう。

chapter

5

no.29 ⇨ 39

「掘り下げ質問」には
こう答える

　興味を持った部分に関して、採用側は、もう少し掘り下げた質問をしてきます。前職に関する話や、今後のビジョンの話、細かな確認事項など、興味があるからこそ深く聞いてくるのです。
　ここでは、自分を取り繕うことなく、正々堂々と正直に話をすることが大切です。ただ、言わなくてもいいような深い話までしてしまい、自ら墓穴を掘るのは避けたいもの。まずは回答のポイントを押さえ、好印象を与える話ができるように、準備をしておきましょう。

★

THE SECRET OF THE INTERVIEW TO PASS
CHAPTER 5

「なぜ未経験の職種に応募したのですか？」

no. **29**

>> THE SECRET OF THE INTERVIEW TO PASS #29

⇨「やりたい」「憧れ」だけでは不十分

　未経験の仕事をやりきるための意欲と能力があるかを確かめる質問です。未経験でも応募してきたということは、何か理由があるはず。それが前向きな理由なのか、いい加減な理由なのかを採用側は知りたいと考えています。

「チャレンジ精神」には賛同しても、「本当に仕事を任せられる人物かどうか」はシビアに判断されます。「やりたい」「憧れ」だけでは、不十分。何の根拠もなく、ただやりたいという意志のみでは、仕事を任せられるという判断までは辿り着きません。これまでの経験の中で活かせる部分はどこなのか、その部分を希望する仕事と絡めてアピールしましょう。

⇨ 説得力のある志望動機を練っておこう

　ここでは、①意欲、②チャレンジする理由、③これまでのキャリアで補える部分、の３点を意識して伝えましょう。例えば、「新卒時にやりたかったのですが、そのときは実現できず、社会人としての経験を積み、成長した今、再チャレンジしたいと思いました」や「友人がこの職に携わっており、その話を聞いて、仕事内容の大変さは理解しつつも魅力を感じ、この職に就くために資格を取りました」など、目指した経緯を具体的に伝えると採用側も納得できます。間違っても、今の仕事が辛いから、違う仕事がしたくなったから、のような消極的な理由は伝えないことです。

Chapter 5
「掘り下げ質問」にはこう答える

前職はムダな残業が多く、仕事も向いていないと感じており、違う職種にチャレンジする思いで志望しました。

> 志望理由が消極的すぎる

> 活かせる能力があるのかわからない

⬇

SEから営業へ転職する場合

お客様と直接かかわる仕事がしたいと思い、SEから営業職への転職を決めました。SEの仕事を通じて培った、計画を立てて納期までに業務をやり遂げる力は営業職でも活かせる能力だと思っています。また、システムのことがわかっているので、お客様の質問にすぐに答えられますし、じっくり説明もでき、他の営業とは違う視点での提案ができます。これは営業としての自分の強みになると思っております。

> 営業で活かせる能力をアピール

事務からデザイン系へ転職する場合

インテリアデザインの仕事はずっと前からの夢でした。新卒のときには叶えられませんでしたが、そのときの自分に足りないものを分析し、気持ちを切り替え、3年計画で再チャレンジすることを決めました。事務の仕事をする傍ら、1年目にデザインの基本を独学し、2年目にカラーコーディネーターなどの資格取得、3年目に本格的にインテリアデザインの講座を受け、勉強し始めました。仕事自体は未経験ですが、3年間勉強した内容は仕事でも活かせると思っています。

> 未経験でも勉強を積んできたことをアピール

★
「活かせる能力」を明確に！

「転職回数が多いですが理由は何ですか？」

no. **30**

>> THE SECRET OF THE INTERVIEW TO PASS #30

⇨ 「転職グセ」がないか見られる

　ズバリ"転職慣れ"していないかどうかを確認する質問です。転職慣れしていると、入社しても些細なことですぐに辞められてしまう可能性が高いと思われてしまいます。また、転職理由が自己都合ではなく、会社都合、つまりリストラや倒産の場合でも採用側は警戒します。「組織の中で浮いてしまう社員なのでは？」「成果を上げにくい社員なのでは？」「運を味方にするのが下手なのでは？」と、いろいろ深読みしてしまうものです。

　ここでは「正当性」（納得できる理由があるか）と「信憑性」（嘘をついていないか）を特に見られます。また、内容はもちろんのこと、伝え方も重要です。暗い表情、小さい声では自信のなさが表れてしまいますので、しっかり目を見て、ハキハキと答えるようにしましょう。

⇨ 今までの仕事の「共通点」をアピール

　今までの仕事を通じて獲得したスキルに、一貫性を持たせることも大切です。例えば、「○○のスキルや△△のスキル、さらには□□のスキルも手に入れました」ではなく、「○○のスキルアップのため」や「○○職のスキルの幅を広げるため」など、一つのスキルを掘り下げて話をするほうが、説得力が増します。ここでは、仕事の選び方に共通性があること、むやみやたらに選んだ転職ではないこと、を伝えるのが重要です。

Chapter 5
「掘り下げ質問」にはこう答える

> 私としては、こんなに転職をするつもりはありませんでした。しかし、会社の職場環境や業績の悪化で、職を変えざるを得なくなり、しかたなく転職したというのが実情です。

「自分のせいではない」は責任逃れに聞こえる

「無計画」だと思われる

⬇

同職種で数回転職した場合

> 販売職でのスキルの幅を広げるため、3つのブランドで実績を積んできました。販売指針やターゲットが異なる3種を経験することで、どんなお客様に対しても販売サポートができるスキルが身についたと思っております。男性、女性、どちらもターゲットにしている御社なら、今までの自分の経験を十分に活かし、売上にも貢献できると思います。

どんな経験を活かせるのか具体的に

異職種で数回転職した場合

> 転職回数は多いですが、コンサルティング職に就くための計画的な転職です。ジャンルの異なる様々な会社で働くことで、業界独自の問題点が見えてきました。今後は、これまでの経験を活かし、業界を理解した上で、要望にマッチした新しい提案をしていきたいと思います。そして、クライアントや御社の業績にも貢献したいと思っております。

何のための転職だったのか明確に

★
「計画的な転職」であることを強調！

「今までの職種が様々ですが理由は何ですか？」 no.31

>> THE SECRET OF THE INTERVIEW TO PASS #31

⇨「忍耐力がない」「飽き症」と思われては損

　仕事への取り組み姿勢を見る質問です。単純に理由を知りたいのも一つですが、仕事に対し、どのような考えを持っているのかを聞き出したいという意図があります。これといった理由がなく職種を変えてきたのなら、仕事に対するビジョンに欠ける、忍耐力がない、飽き症な性格、と思われてしまいます。そう思われないためにも、採用側が納得できる理由を話すこと。間違っても、開き直って職種をたくさん経験していることを、自慢げに話すのはやめましょう。

⇨「手に入れたスキル」を伝える

　ここでのポイントは2つ。①将来のビジョンを語ること。例えば、「目指している夢に近づくため、自分で考えて様々な職種を経験してきました。今回の応募でその夢が実現できます」など。②身についたスキルを伝えること。例えば、「様々な職種を経験することで〇〇のスキルが身につきました」もしくは、「〇〇のスキルを手に入れるため、様々な職種を経験する必要がありました」など。どちらも面接官を納得させるために必要な理由になります。

　注意したいのは、言い訳がましくなったり、責任を誰かに転嫁するような言い方はしないことです。「想像と違う仕事ばかりで転職せざるを得なかった」「会社側の意図でいろいろな職種に就くことになってしまった」などといった話はやめましょう。

Chapter 5

「掘り下げ質問」にはこう答える

> 特に大きな理由はありませんが、いろいろな職種を試すことで、自分に合う仕事を探していました。

- 「お試し感覚」で仕事をしている印象
- 「将来のビジョン」が明確ではない

⬇

秘書を志望している場合

> 確かに、たくさんの職種を経験しており、一貫性がないように見えますが、実は理由があります。もともと秘書の仕事をしたいと思っておりましたが、そのためのスキルが不十分であると感じておりました。そこで、経理や人事、営業の仕事を経験する中で、マナーや礼儀、対人能力や段取り力など幅広いスキルを手に入れました。多くの職種を経験したことで、秘書に必要な基本スキルが身についたと思っております。

- 「スキルアップ」したことをアピール

マーケティング職を志望している場合

> マーケティング職の仕事に就くため、あえて様々な職種を経験して参りました。営業や商品企画、データ管理など、すべてマーケティングにかかわる仕事であり、多角的な分析をする上で必要な経験だったと感じています。将来を見据え、どの職種も真剣に取り組んで参りました。御社では、これらのスキルを余すところなく発揮したいと思います。

- 経験やスキルを活かせることをアピール

★

「転職の目的」をハッキリさせよう！

「なぜ数カ月で前職を辞めたのですか？」

no. 32

>> THE SECRET OF THE INTERVIEW TO PASS #32

⇨「組織に馴染める人物かどうか」を判断

　短期間で退職した理由を聞くことで、仕事への忍耐力や組織対応力を確認する質問です。ここでは、仕事に対する取り組み姿勢を見ると同時に、組織に馴染める人物であるかどうかを判断します。どんなに輝かしい実績やキャリアがあっても、組織に馴染めないようであれば採用は見送りたいと思うものです。

　また、応募者が聞かれたくないであろうことをわざと聞いて、その反応や対応のしかたもチェックします。聞き方が厳しかったからといって、それに腹を立てて怒り口調で話し出すなどの対応はビジネスマンとしてタブーです。

⇨素直に反省し「二度と繰り返さない」を強調

　倒産や事業の縮小など、会社都合の理由であればそれを話します。恨みがましい言い方ではなく、淡々と事実のみを伝えましょう。一方、自分の都合であれば、素直に自分の反省点を伝えます。「正直、考え方が甘かったことを心から反省しております。今後は、自分のキャリアやスキルを十分に活かせるような職場で、腰を落ちつけて、仕事に取り組みたいと思います」など、同じことは繰り返さぬよう、今後はしっかり職務を遂行していく旨をアピールすることです。

　繰り返しになりますが、辞めることになった理由を全面的に誰かのせいにしたり、文句ばかりを言ったり、未練がましく言い訳したりするなどは、悪い印象を与えるだけですのでやめましょう。

Chapter 5
「掘り下げ質問」にはこう答える

> 思っていた仕事と違う内容で、条件も当初の内容と違っていたので、納得できず辞めました。

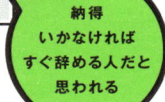

― 柔軟性に欠ける印象

― 納得いかなければすぐ辞める人だと思われる

⬇

知識を習得するために辞めた場合

> 前職では、資格を持たぬまま入社したため、基本の知識やスキルが追いつかず、自分自身に限界を感じてしまいました。数カ月で辞める決断をしたのは、自分で基礎知識や資格取得の勉強をするためです。現在はFP2級を取得し、家計や資産設計にかかわる基礎はほぼ習得し、自信を持って業務に取り組めます。今後はこの知識を十分に活かせる職場で、腰を落ちつけて仕事に取り組みたいと思っております。

― 勉強し、資格を取ったことをアピール

体力的に限界を感じて辞めた場合

> 三交代制のシフト勤務の職場で、夜勤が続くことが多くありました。3カ月ほど続けた時点で、体調を崩してしまい、スキルも十分に発揮できなくなってしまったため、残念ながら転職を決意いたしました。今は体調も万全で、気力、体力ともに問題ございません。今度こそ、地に足をつけて仕事に取り組み、自分のスキルを最大限に発揮できる御社で再出発したいと思っております。

― 現状、体調が万全であることをアピール

★
前の会社の悪口は絶対NG！

「ブランクの期間は何をしていたのですか？」

no. 33

>> THE SECRET OF THE INTERVIEW TO PASS #33

⇨「即戦力として問題ないか」を見られる

　ブランク中の過ごし方を聞くことで、社会復帰が可能かどうか、会社での対応力があるか、即戦力として問題ないか、を確認します。

　ブランクの理由として、主に①夢追い系、②目的不明系、③病気療養系の3つに分かれます。いずれもブランクが長い場合は、その間の時間の使い方、生活サイクルの実態、経済面での工面などがポイントになります。その部分を的確に答えられるよう事前に準備しておきましょう。また、現情報として、ビジネスマンとしてのマナー、コミュニケーション、タイムマネジメントなどにおいて問題がないことを自信を持って伝えることで、採用側は安心できます。

⇨ きちんと説明できればOK

　①夢追い系の場合、何かになるために努力してきたことを端的に伝えましょう。ここでは「3年とスパンを決めて、その中で夢を追ってきた」など、期間を区切って活動していたことを伝えるのが効果的です。②目的不明系の場合は、それを正直に話した上で、反省していること、今は心を入れ替えて本気で転職活動をしていることを熱意を持って伝えましょう。③病気療養系の場合には、まず病気が完治し、心身ともに万全であることを伝えます。話の内容だけでなく、会話のやりとりやアイコンタクト、話し方なども総合的に見られます。社会復帰は可能だけれども、まだ多少不安がある場合には、面接官の対応を見ながら正直なところを伝えていくのも必要です。

Chapter 5
「掘り下げ質問」にはこう答える

> いろいろな資格を取るために勉強していました。結果に結びつくことなく時間だけが経ってしまいましたが、今は本気で転職活動をしています。

- 何を目指して勉強していたのかわからない
- 計画性のなさを感じる

⬇

「夢追い系」の場合

> ミュージシャンの夢を諦めきれず、夢を追う期間を3年と定め、音楽活動に没頭してきました。この3年間は、生活のためにアルバイトを2つかけ持ちし、残りの時間はバンド活動と、24時間をフルに使ってきました。しかしながら結果は出ず、今回すっぱりと気持ちを切り替え、転職活動をすることに決めました。この期間の中で、音楽会社の社長と数多くの交渉を経験してきました。契約を結ぶことはできませんでしたが、交渉スキルは御社でも活かせると感じています。

- スパンを決めて活動してきたことをアピール

「目的不明系」の場合

> 1年をかけて47都道府県を自転車でまわりました。旅先で多くの人に助けてもらいながら生活をする中で、改めて人の優しさを感じることができました。30歳目前の今、しっかりとした定職に就き、今までかかわってくださった人たちに社会へ貢献するという形で恩返しがしたいと思っています。全国各地をまわり、その土地土地の名産物を知ることができました。今後は、隠れた名産物と消費者とをつなぐ仕事をすることで、御社にも、社会にも貢献していきたいと思います。

- 本気で転職活動をしていることをアピール

★ **「ブランクの間に得たもの」が肝心!**

「健康状態は元に戻りましたか？」

no. **34**

>> THE SECRET OF THE INTERVIEW TO PASS #34

⇨「医師の承諾」など安心できる情報を提供

　仕事ができる状態にあるかどうかの判断をする質問です。ここでは主に、病気の影響が仕事に出ないか、他の社員と同等の扱いをしても大丈夫か、などを確認します。病気にも種類がありますので、採用側としては、身体的な病気の場合は体力面での不安を、精神的な病気の場合は組織に適応できるか、トラブルを起こさないかという不安を解消するために質問します。まずは、採用側が安心できる情報を一つでもよいので伝えましょう。自信なさげに「多分、大丈夫だと思います」「わかりませんが、恐らく問題はないと思います」では、採用側の不安は拭いきれません。まずは自信を持って答えることが大切です。

⇨アルバイトで入社という道も

　完全に復帰できているのであれば、自信を持って「問題ありません」と答えましょう。復帰はできるが、通院が必要だったりする場合は、「月に1度通院をしているので、その際だけご迷惑をおかけするかもしれません。しかし、業務を工夫し、できる限り迷惑をかけないようにいたします」など、前向きなコメントで終わる工夫をしましょう。

　ただし、無理は禁物。焦る気持ちもわかりますが、徐々に復帰したいと考えるのなら、最初はアルバイトからスタートという道を模索してもよいかもしれません。アルバイトで実績をつくった上で、再度正社員にチャレンジというステップも一つの方法です。相手にも自分にも負荷をかけない選択肢を一度考えてみましょう。

Chapter 5
「掘り下げ質問」にはこう答える

> 恐らく、もう心配はいりません。なるべく何もないように努めて参ります。

※「恐らく」というフレーズが不安を誘う

※心配事があるなら正直に話すのも一つ

↓

大きな問題がない場合

月1回、通院の時間をいただければ、それ以外の日常業務は特に問題ありません。通院はいたしますが、医師からは会社復帰の承諾をもらっております。通院でお休みさせていただく分は、前日の早出や残業などで調整したいと考えております。会社や周りの方に迷惑がかからない方法で対処したいと思います。

※「医師の承諾」を伝えると採用側も安心

少し不安がある場合

持病に関して、採用にご不安なのは重々承知しております。しかし、御社で仕事をしたいという強い気持ちは誰にも負けません。もしよろしければ、試用期間を設けていただき、その間の働き方を見て判断されたのち、納得いただけましたら正社員として採用といった方法をご検討いただくことはできますでしょうか。無理なご相談で誠に恐縮でございますが、御社の不安が解消されます方向で、ご検討いただければ幸いです。

※より良い方法を提案するのも一つ

★ **前向きコメントで信頼してもらおう！**

「当社のやり方に合わせられますか？」

no. **35**

\>> THE SECRET OF THE INTERVIEW TO PASS #35

⇨「柔軟に対応できること」を主張しよう

　組織への対応力があるかどうか、柔軟性があるかどうかを確認する質問です。ここでは、①新しいことにも対応できる柔軟性がある、②周囲の人や、やり方を受け入れることができる、③協調性があり組織の和を乱すようなことがない、④調和を保ちつつも実績を上げることができる、をメインにアピールしましょう。

⇨ 実績がある人ほど要注意

　転職の場合、これまでのやり方に固執してなかなか新しいやり方に馴染めず、周りの人とギクシャクしてしまうことがよくあります。特に、仕事での実績がある人ほど、成功したやり方にこだわってしまう傾向があります。あくまで客観的な視点で業務の改善の提案をしつつも、その会社のやり方を否定しないことがポイント。「これまでの経験を、新しい組織に順応する形で役立てたい」というような言い方をするのがベストです。

　特に、マネジメントを担う立場の場合は「自分流を貫く」のではなく、「柔軟に対応できる」ことを主張しましょう。自分流にこだわった発言ばかりをすると、「和を乱されるのではないか」と採用側は不安になるものです。頑固、頭が固い、あまりにも自信満々すぎる、などの印象はあまり良いイメージにはつながりません。話す内容はなるべく謙虚に、間違っても今までの「自慢話」の場にならないよう注意しましょう。

Chapter 5
「掘り下げ質問」にはこう答える

御社の少し古いやり方に関しては、実績ある私のやり方を導入したいと考えております。

「自分流」を曲げない感じが傲慢に見える

和を乱す恐れがあると思われる

⬇

「柔軟性」をメインにアピールする場合

仕事では調和が大切ですので、御社のやり方に従います。これまでの経験はありますが、「自分流を貫く」よりは「柔軟に対応できる」ことが大事だと考えています。会社という組織に属している身をわきまえ、和を乱さぬよう、まずは御社のやり方を会得したいと思います。その後、改善できる部分があれば、周囲の協力を得ながら、徐々に新しい提案をしていきたいと思っております。

「和を乱さない」ことを伝える

「自分の役割」をメインにアピールする場合

御社に貢献できる部分は出し惜しみなく提案いたしますが、あくまでも、御社の皆さんのやり方を、尊重したいと思っております。私に与えられる役割は、これまでのやり方を尊重しつつ、新しい流れや手法を提案することで、御社の業績に貢献することだと考えております。したがって、まずは御社のやり方に早く慣れるよう最善の努力をしたいと思います。

「会社のやり方を尊重する」ことを伝える

★
話す内容は「謙虚に」を心がける

「あなたのポリシーを
お聞かせください」

no. **36**

>> THE SECRET OF THE INTERVIEW TO PASS #36

⇨ カッコいいだけの言葉はすぐ見破られる

　仕事に対して自分なりの考えを持っているかを確認します。ここでは、「自分の考え」を「自分の言葉」で伝えることが重要。人の言葉を借りて、カッコいいことを言おうとしても、採用側にはすぐに見破られてしまいます。背伸びした話はしないことです。

　入社したらどんな姿勢で仕事に取り組もうとしているか。自社のやり方と応募者の考え方は一致しているのか。一致していなくても方向性として近いものはあるのか、といったことを確認します。ときには、「どうしてそう思ったのですか？」や「そう思うきっかけになった出来事はありますか？」など、掘り下げる質問が繰り返されることもあります。

⇨ 新しい業界・職種へ転職する場合は必須

　まずは、転職活動の準備として、事前に「仕事への取り組み方」「仕事に対する考え方」「譲ることができない自分なりの信念」などを一度整理しておくとよいでしょう。こうしたことは、とっさに聞かれても、なかなかうまく答えられないものです。今までの仕事を振り返る良い機会にもなりますので、事前にまとめておきましょう。

　特に、新しい業界、職種にチャレンジする場合には、志望企業、職種をよく研究した上で、その仕事への意欲や目標を整理しておく必要があります。そうすることで、あなたの強い思いが採用側へきちんと伝わることでしょう。

Chapter 5
「掘り下げ質問」にはこう答える

> ポリシーとして決めていることは、特にありません。そのとき目の前にある仕事を精一杯やるだけです。

💬 仕事に真剣に取り組むのは当たり前

💬 仕事に対する強い意志が感じられない

⬇

「新しさを求めること」がポリシーの場合

> 私の仕事のポリシーは「常に新しさを求めること」です。と言いますのは、日々新しいモノが生み出されている現代においては新しさをキャッチしていかないと世の中の流れについていけなくなってしまうと考えるからです。そのために私自身、新聞や雑誌、ネットでの情報収集はもちろんのこと、時間が許す限り外へ出かけて刺激を受けるようにしています。商品開発においても、この視点は常に持って仕事をしていきたいと思っております。

💬 「情報収集力」をアピール

「チームが第一」がポリシーの場合

> 「チームが第一」が私のポリシーです。実は、以前の職場で、リーダーとしての自分の力を過信し、チームの方向性を考えずに突っ走ったことがあります。その結果、チームが分裂してしまい大失敗をした経験があります。それ以来、常にチームを中心に考えるようになりました。会社という大きなチームにいる以上は、この考え方を忘れず、その上で個人のパフォーマンスを上げることが大切だと考えています。

💬 「失敗談」をもとにアピール

★
「自分の考え」を「自分の言葉」で伝えよう

「勤務地の希望はありますか？」

no. **37**

>> THE SECRET OF THE INTERVIEW TO PASS #37

⇨ 拠点を事前にチェック

　この質問では、勤務地の希望を聞くと同時に、支店などがある場合転勤できるかどうかを確認します。事業によっては、支店の開設や閉鎖といった動きが頻繁に起こることがあるため、それに柔軟に対応できる人物かどうかを見るのです。無理のない範囲で受け入れ、前向きな答えを伝えるのがベターです。

　そのためには、あらかじめホームページなどで、会社のこと（どこに支社や支店があるか、部署によって社屋が分かれているかなど）を調べておくのが原則です。採用側からの「○○や△△にも拠点がありますが……」といった問いかけに対しては、「初めて聞きました」ではなく「存じております」といった反応が望ましいでしょう。

⇨ 希望は「支店名」より「地域名」で

　勤務地の希望を正直に伝えることは、特に問題ありません。この場合、細かな支店名を挙げるよりは、首都圏や東京、埼玉など、地域で言うほうがよいでしょう。答え方としては「首都圏希望です」ではなく、「首都圏でお願いできますと幸いです」など配慮ある言い方が好ましいです。

　また、「どこでも大丈夫です」と言いながら、顔つきや態度が不安そうだったり、自信がなさそうな場合は、採用側も心配になります。配属したとたんに内定辞退や早期退職されるくらいなら、正直に希望を言うほうがお互いのためにもよいでしょう。

Chapter 5
「掘り下げ質問」にはこう答える

希望は本社です。本社で働くことを前提に応募いたしました。

> 柔軟性に欠ける印象

> 配慮の一言があるとよい

⬇

希望地以外でもよい場合

なるべく関東近郊を希望いたします。しかし、全国に支店があることは存じており、今はいろいろな場所で経験をすることが今後の成長につながるとも感じております。ですので、それ以外の勤務地でも同じように全力で働きたいと思っています。

> 前向きな意志を伝える

できるなら希望地がよい場合

勝手な言い分で恐縮ではありますが、母が病気療養中でして、できましたら首都圏での勤務を希望いたします。もちろん、母の看病に関しては、仕事に支障が出ないよう家族全員でサポートする態勢は整えております。この点で、御社にご迷惑をおかけすることはありませんので、ご安心いただければと思います。

> 理由がある場合は正直に伝える

★
希望があるなら正直に。ただし、配慮が大事！

「前職の給与額を含め、
希望はありますか？」

no.38

>> THE SECRET OF THE INTERVIEW TO PASS #38

⇨ 今までの給与額は正直に伝える

　ここでは、本人の希望の給与額を尋ね、自社の水準との乖離がないか確認します。また、これまでもらっていた額から、応募者が前職でどの程度評価されていたのかも推測します。

　さらに、職務経歴やスキル、本人と面談して受けた印象などから総合的に判断し、その金額に妥当性があるのかどうかも確認します。あまりにも少なすぎると感じたなら、このキャリアでその額では転職を考えるのは当たり前だなと納得できますし、予想以上に多かった場合には、このキャリアでその額ではリストラの対象になってもしかたないなと推測したりします。どちらにせよ、ここは正直に答えて問題ありません。

⇨ 基本は「御社の規定に従います」

　希望額に関しては、具体的に「〇〇万円を希望します」と言うよりは「御社の規定に従います」などの伝え方がよいでしょう。いかにも自信満々に、以前の会社で得ていた年収を言うのは印象が良くありません。自分はこんな仕事をしてきて、御社でも貢献できるので、これくらいもらって当然といった気持ちで言うのはNG。希望がある場合でも、求められる仕事の質と量、年齢、マネジメント経験の有無などを考慮しながら、妥当性のある金額を言うべきです。そのためには、自分が望んでいる仕事の世間相場をリサーチしておくことも必要かもしれません。

Chapter 5
「掘り下げ質問」にはこう答える

> 以前は、○○万円ほどいただいておりました。ですので、最低でもこの金額はいただきたいです。

ストレートすぎて印象が良くない

⬇

配慮を持って希望額を伝えるのが礼儀

「取り組み姿勢」を一緒に伝える場合

> 前職では、○○万円ほどいただいておりました。でも給料は、仕事の対価でもありますので、まずは業務に邁進することが先決だと考えております。ですので、金額に関しては御社の規定に従います。

業務に邁進することをアピール

「意気込み」を一緒に伝える場合

> 以前は、○○万円ほどいただいておりましたが、金額は御社の規定に従います。金額にかかわらず、御社では今までの経験をフルに活かして即戦力として働くことが求められていると思っております。まずは、結果を出すべく、業務に取り組んでいきたいと思っております。

結果を出すことをアピール

★
できれば「やる気」を伝えたい！

「結婚や出産をしても仕事は続けますか？」

no. **39**

>> THE SECRET OF THE INTERVIEW TO PASS #39

⇨ 長く働く覚悟があるかどうか

　結婚や出産で辞めないかどうかを確認する質問で、仕事に対する姿勢を見るものです。

　結婚や出産はプライベートな問題であり、直接仕事とは関係のないことです。法律上も、この手の質問を女性だけに聞くのは違反です。しかし、キャリアプランの一環として、聞かれることもありますので、押さえておく必要があります。ここでは「採用してもすぐに辞めてしまわないか」「長期的に戦力として期待できるか」を確認する質問と捉えてみましょう。現在すでに結婚し、子どもがいる方に対しても同様の質問をされることがあります。その場合には、残業や出張など急な仕事へ対応できるかなどを確認します。

⇨ 人生の中での仕事の位置づけは？

　長期的な社員の育成を考えている企業であれば、長く働く意志があるかどうかは気になるものです。この質問をする企業は、女性も男性同等に戦力と考えている場合が多いもの。したがって、自分のキャリアプランを述べた上で、仕事を人生の中でどう位置づけているかを伝えるのが効果的です。例えば、「結婚についてはまだ予定はありませんが、結婚、出産後も仕事を続けたいと考えております。御社は、結婚後も多くの女性がご活躍されているようですので、私も同様に最後まで職務をまっとうしたいと思います」など、働き続ける意欲を伝えられるとよいでしょう。

Chapter 5
「掘り下げ質問」にはこう答える

> 将来のことはわかりませんので、今ははっきりとしたことは申し上げられません。結婚相手次第ということもあると思います。

「将来のビジョン」がほしい

どう考えているのかを知りたいところ

⬇

独身者の場合

> 結婚はまだ先のことと考えておりますが、将来のビジョンとして今考えておくのは大事なことだと思います。私にとって仕事は、人生の大切な軸になっていますので、将来、結婚・出産といったライフイベントが発生しても、できる限り続けていきたいと思っております。その際には、周囲の協力が必須になると思いますので、今のうちから家族の関係を密にしていきたいと考えております。

結婚や出産をしても続けていく意志をアピール

既婚者の場合

> この点に関しては、何度も夫と話し合いを重ねました。まだ出産の予定はありませんが、家事、育児での分担についてはすでに確認しており、夫も積極的に支援してくれるとのことです。また、同じマンションに住む両親にもサポートを依頼しており、急な残業やイレギュラーな事態にも対応できる態勢を整えております。

周りにサポートを依頼していることをアピール

★ **両立する方法を見つけよう！**

COLUMN 5

「わからない」質問が
きたときにはどうする?

コラム5

　「この業界の〇〇制度についてどう思いますか?」「新機種△△の性能についてどう感じますか?」など、「わからない」質問が突然きたとき、あなたはどうしますか? 「わかりません」の一言で終わってしまうのはいただけませんが、かといって、知ったかぶりは墓穴を掘ることにつながるので、もっとよくありません。

　面接では、当日の株価や直近の業界ニュース、社名の由来や創業者の名前など、事前に調べておかなければ答えられない質問を受けることがあります。「一応、ホームページは見てきたのですが、わかりませんでした」など、言い訳がましい答え方は印象が良くありません。ここでは、まず自分の勉強不足を素直に詫びるのが一番。例えば、「私の勉強不足で詳細を存じておりません。大変申し訳ありません。本日帰宅しましたら、すぐに調べたいと思います。そして、もし次回のチャンスをいただけましたら、そのときに調べた限りのことをお答えしたいと思います」などと答えましょう。これなら、「知らない」というマイナスな要素があっても、前向きな意志が伝わりますね。

chapter

6

no.40 ⇨ 47

「揺さぶり質問」には
こう答える

ときには、聞かれたくないことを質問される場合もあります。これは、採用側が本気であなたを困らせようとしているわけではありません。厳しい状況にも耐え得る人物であるかを、質問を通じて判断しようとしているのです。また、採用したいと思っているからこそもっともっと詳しく聞きたい。そんな本音もあるでしょう。
まずは、落ち着くことが大事。沈黙したり、腹を立てたりなどビジネスマンに不似合いな態度は封印して、どんな質問に対しても、自分なりの話ができるように準備を万全にしておきましょう。

★

THE SECRET OF THE INTERVIEW TO PASS
CHAPTER 6

「揺さぶり質問」とは どんなもの？

no. **40**

>> THE SECRET OF THE INTERVIEW TO PASS #40

⇨ 厳しい質問で、本音を引き出そうとする

　揺さぶり質問は、面接官がわざと応募者が嫌がるような厳しい質問や態度をし、それにどう対応するかを見るものです。面接の緊張の度合いをさらに上げることで、本音を引き出したり、トラブルへの対応力を見たり、素の考え方や価値観を確かめたりといった意図があります。面接官が複数いる場合には、役割を分けている場合もあります。例えば、一人は柔和な感じの普通の面接官でメインの質問を担当。もう一人は終始無言で眉間にシワを寄せているコワモテの面接官で、ここぞというときに厳しい質問を担当、というような分担です。話の内容の他に、態度や表情、視線、話し方などもチェックされます。

⇨「いくつもある質問の一つ」と捉えよう

　ここでは、仕事で緊急事態が起こっても臨機応変に対応できる人物か、大人の振る舞いができる人物か、多少ストレスフルな状況でも耐えられる人物か、などを確認します。

　ポイントは、厳しい質問がきても、「冷静に」対応することです。また、厳しい質問をすべて「揺さぶり」だと捉えないこと。採用にあたっては、人物を慎重に判断する必要があるため、ときには厳しい質問を取り入れながら確認するのです。それらをすべて「揺さぶり」だと勝手に決めつけてしまうと、質問の度に自ら動揺してしまい、本来の自分の力が発揮できなくなってしまいます。まずは、いくつもある質問の中の一つとして捉えましょう。

Chapter 6
「揺さぶり質問」にはこう答える

✗ 悪い対応

動揺してオドオドする

目を合わせないで黙る

「いいです。私が悪いです」と投げやりになる

「なぜ、そんな質問をするのですか!?」とけんか腰になる

◎ 良い対応

冷静に、落ちついて対応する

★ まずは「慌てないこと」がカギ！

「本当に正社員で働く覚悟はありますか？」

no. 41

>> THE SECRET OF THE INTERVIEW TO PASS #41

⇨ どんな嫌味にもさらりと対応

　今まで契約社員やアルバイトとして働いていた人に問う質問です。採用側の意図は２つあります。①これまで多少甘い考えで働いていたとしたら、それを自覚させ、覚悟を問うことで、今後の仕事に向かう姿勢を確認する。②わざとイヤな質問をして応募者の反応を見ることで、社会人としての成熟度を確認する。ここでは、どんな嫌味な質問をされても、落ちついた大人の対応をすることが大事。ムッとした表情で「それは当たり前のことです！」と返事をしたり、自信なさそうに「多分、大丈夫です……」と答えるなどは、どちらも良い印象にはつながりません。冷静に、自信を持って、覚悟ができていることを伝えましょう。

⇨「正社員と同じ意識」を強調

　ここでは、これまで契約社員やアルバイトであったとしても、正社員と同じ意識で責任感を持って働いてきたことを伝えましょう。アルバイト意識を脱し、仕事に対して責任感を持って取り組める人物であることを印象づけるのが大切です。

　また、この質問に関連させて、面接官がわざとストレスを与えるような言い方や態度を取る場合がありますが、それに乗っかってはいけません。「アルバイトのどこがいけないのでしょうか？」などと、反抗的な態度を取るのはＮＧ。どんな質問にも、大人の対応で答えるようにしましょう。

Chapter 6
「揺さぶり質問」にはこう答える

> アルバイトも、正社員も、何も変わらないと思いますが、一体どんな覚悟が必要なのでしょうか？

反抗するように聞き返すのはNG

社会人としての意識の低さを感じてしまう

契約社員だった場合

はい、もちろん強い覚悟を持って応募いたしました。今まで契約社員としての経験しかありませんが、いつも正社員と同じ気持ちで責任感を持って働いて参りました。これからは、与えられた仕事だけでなく、自分で積極的に仕事とかかわり、新しい業務にも取り組んでいきたいと思っております。

正社員同等の意識を持っていたことをアピール

アルバイトだった場合

正社員として働く覚悟は持っています。今まで5年間、アルバイトとして働いてきましたが、正社員に準じた責任ある仕事を任されていました。3年目からはアルバイトリーダーとして、商品発注や在庫管理、シフト調整や新人教育も担当してきました。正社員になれば、さらに責任ある仕事をすることになると思いますので、気持ちを入れ直し、緊張感を持って業務に取り組んでいきたいと思います。

責任ある仕事を任されていたことをアピール

★ **社会人としての成熟度を見られる！**

「年齢が高いですが職場になじめますか？」

no. 42

>> THE SECRET OF THE INTERVIEW TO PASS #42

⇨ 年齢の上限を想定していることも

　業務を遂行する上で必要な体力の有無と、組織適応力を見る質問です。採用にあたっての年齢制限は法律で禁止されていますが、仕事の性質（例えば、体力が重視される現場や働いている社員の年齢が若いような職場など）によっては、募集要項には記載しませんが、ある程度の年齢の上限を想定している場合もあります。ただし、○歳までなどと一律で決めるものではなく、本人の適性を見た上で判断する場合がほとんどです。

⇨ 「協調性」や「柔軟性」に関する内容が必須

「年齢に関係なく頑張ります」だけでは少し物足りない印象です。まずは、①年齢に対してネガティブに捉えないこと、②周囲に合わせてやっていく柔軟性があること、③新しい内容にもチャレンジする意欲があること、を含めてアピールしましょう。

　例えば、「確かに御社の社員の方々に比べ、若干年齢は高いかもしれません。しかし、これまで営業職で培ってきた人脈やクレーム対応力などは御社のお役に立てると確信しております。また、どちらかというとチャレンジ精神は旺盛な性格だと思いますので、積極的に仲間に溶け込み、新しいお客様も開拓していきたいと思っております」などを伝えられるとよいでしょう。どう頑張るのか、どんな貢献ができるのか、具体的な説明を入れることで、採用側も判断しやすくなるのです。

Chapter 6

「揺さぶり質問」にはこう答える

年齢が高いことは少し不安です。やはり不都合なことなどあるのでしょうか……。

> 「自信がない」と言っているようなもの

> 年齢の壁を乗り越えようという意欲を感じない

⬇

特に体力に自信がある場合

40代ではありますが、体力は30代に負けないとの自信があります。と言いますのは、健康維持と趣味を兼ね、この5年間、週2回ジムに通い、基礎体力づくりに励んで参りました。また、そのジムでは若い友人もたくさんおり、彼らとの交流も楽しみの一つとして、体を動かしています。職場においても、年齢に関係なく、積極的に声をかけ、多くの仲間と関係を築いていけたらと思っております。

> 体力づくりをしていることをアピール

特にコミュニケーション能力に自信がある場合

趣味で地域の英会話サークルに入っており、週末は若い仲間と英語を楽しむだけでなく、バーベキューをしたり、ボランティア活動に参加するなどして、世代を越えた仲間との交流を楽しんでおります。確かに、年齢は多少高いかもしれませんが、こうした経験から、体力、人間関係どちらにおいても、特に問題はないと思っております。

> 若い人との交流があることをアピール

★

具体的なエピソードで説得力アップ！

「もし不採用だったら
どうしますか？」

no. 43

>> THE SECRET OF THE INTERVIEW TO PASS #43

⇨「本気度」を試されている

　志望動機や入社意欲の本音を探る、少し意地悪な質問です。ここでは、応募者に揺さぶりをかけて、その対応力を見ます。オーソドックスな質問に対しては、順調な受け答えができても、このような揺さぶりに対応できない人は多いもの。だからこそ、ここで動揺せずに答えることで、好印象を与えたいものです。何人かの応募者から絞り込んでいく段階では、このような揺さぶりをかける質問をして、応募者の本音を探る場合があります。

⇨「別の会社へ行きます」はNG

　なぜこのような聞き方をするのかというと、本当に第一志望なのかを探るのに有効な質問だからです。「ここは第一志望じゃないから採用されなくてもいいや」という気持ちがどこかにあると、その本音がつい出てしまうもの。どんな面接においても「第一志望」という意気込みで臨むことが大切です。「残念ですが、別の会社へ気持ちを切り替えます」などという答えは潔いのではなく、「第一志望ではありません」と言っているようなものです。また、泣きついたり、懇願したりなど稚拙な対応も逆効果ですので、注意しましょう。

　実はこの質問、意地悪にも思えますが、再度入社の意欲を伝えるチャンスでもあるのです。巧妙な揺さぶりの質問であっても、それに乗せられずに、冷静に対応し、もう一度入社の熱意を伝えましょう。

Chapter 6
「揺さぶり質問」にはこう答える

> 不採用なのはとても残念ですが、ご縁がなかったと潔く諦め、新たな企業へアプローチします。

> あっさりしすぎて熱意を感じない

> 「採用されなくてもいい」と聞こえてしまう

「熱意」を伝える場合

> 御社に入社したいという気持ちは揺るぎないものですので、不採用になったときのことは考えたくないというのが正直な気持ちです。本日、面接のお時間をいただいたのにもかかわらず、私の仕事への考えや思いがうまく伝わっていなかったとしたら、力不足と反省いたします。しかしながら、御社に対する熱意はわかっていただけたと信じ、後は御社のご判断にお任せいたします。

> 入社したいという気持ちを強くアピール

「諦めない意志」を伝える場合

> 御社に入りたい一心で転職活動をして参りました。御社のお役に立ちたいという熱意だけは誰にも負けない自信があります。不採用になったときのことを考えるのは、大変辛いことです。でも、もしそうであったなら自分の知識やスキルが不十分だったと自覚し、引き続き勉強を続け、御社に認めていただけるような人物になって、次回のチャンスを狙いたいと思います。

> 今後も勉強を続けることをアピール

★ **入社の意欲を再度伝えるチャンス！**

「他の職種での採用でも良いですか？」

no. 44

>> THE SECRET OF THE INTERVIEW TO PASS #44

⇨「この仕事しかできない」では困る

　スキルや考え方に柔軟性があるかどうかを確認する質問です。例えば、人物としては合格点だが、本人が希望している業務での採用はすでに他の人に決めてしまった。あるいは、現時点では募集していないが、将来的に募集をかけたいと思っている職種へのスキルが高い場合などに、このような質問をすることがあります。また、入社後の異動の可能性が少しでもあれば、この仕事しかできないというような柔軟性のない人物では困ると考え、聞くこともあります。

⇨「求められる仕事をする」姿勢を見せる

　ここでは、まず柔軟に対応できる姿勢を見せることが第一です。基本的には「希望職種以外でも大丈夫です」と答えた上で、「〇〇の経験は他の職種でも共通して活かせるスキルだと思います」といった一言をプラスするのが効果的です。また、これまでに違う仕事でも柔軟に対応した経験があれば、それをエピソードとして話すとさらに好印象につながります。例えば、「経理の者が体調を崩し、2カ月休養した際には、急遽サポートとして経理の業務を代行いたしました。このように、求められた仕事に対して、柔軟に対応することができます」など、具体的な話が入ると説得力が増します。

　ここでは、たとえ自分の希望の職種ではない場合でも、「〇〇が第一志望ですが、△△で先に経験を積めるならそれも考えてみたいと思います」のように前向きな回答をするのがベターです。

Chapter 6
「揺さぶり質問」にはこう答える

> もともと営業職の適性はないと思うので、あまりやりたくないです。違う職種だとしても内勤を希望します。

「柔軟性」を感じない

自分勝手な印象に映る

⬇

希望職種以外の経験がない場合

> 希望職種以外でも対応いたします。ただ正直に申しますと、総務以外の経験がなく、その他の職種に関しまして勉強不足なところがあるかもしれません。もし、他の職種ということであれば、ご迷惑をおかけしないよう、これからでき得る限りの情報を集め、勉強をして、対応できる準備をしたいと思います。

今後、積極的に勉強することをアピール

希望職種へ強い思いがある場合

> 第一志望は、お客様と直接かかわることができる販売職を希望しますが、その他の職種でも対応させていただきます。生産管理の仕事であれば、販売にかかわる基礎的な知識やスキルを身につけることができると思っています。たとえそれ以外の職種であっても、自分のやるべき業務をまっとうした上で、将来的には希望する職種に就けるよう努力していきたいと思っています。

「将来的には就きたい」ということをアピール

★
業務をまっとうする意志を伝えよう

「以前（今）の会社に不満はありますか？」

no. 45

>> THE SECRET OF THE INTERVIEW TO PASS #45

⇨ 愚痴を言うのは採用側の思うツボ

　これは、退職理由の本音を探る、少し意地悪な質問です。組織に対する大きな不満や人間関係での深い問題を抱えていないかなど、表向きでは言わないような本音の部分を探る質問でもあります。

　質問のやりとりが深まり、場の雰囲気もほぐれ、応募者がリラックスしたのを見計らって、この手の質問を繰り出してきます。感じの良い面接官であればあるほど、応募者はこの面接官なら理解してくれるはずと勝手に思い込み、これまで言っていた建前とは違う本音を話し出すことがあります。面接官はこれを狙っています。大変だったことは正直に答えても構いませんが、「それは大変でしたね」「辛かったでしょう」などの優しい言葉に乗せられ、愚痴のオンパレードにならないように注意しましょう。

⇨「しいて言えば…」で話し始める

　そうはいっても、「全く何もないです」という答えでは、「なぜ転職をしようとしているの？」「そこで働き続ければ問題ないのでは？」と思われてしまいます。例えば、「しいて言えば、少し保守的なのが残念でした。伝統を守りつつも、新しいことに挑戦していくのは大事なことだと考えます」など、ストレートに否定するのではなく「こういう考え方も大事」という提案に近い話をするのがよいでしょう。
　「それは誘導尋問ですか？」「その質問の意図を教えてください」など、聞き返すのは印象が良くありませんので、注意してください。

Chapter 6
「揺さぶり質問」にはこう答える

> 前の会社は、社員のやる気がなく、部長に関してはいつも新聞を読んでいるだけで何もしていませんでした。そんな姿を見ていたらモチベーションなんて上がりませんし、会社を嫌いになるばかりで……

愚痴や悪口だけにならないように

真っ向からすべてを否定するのはNG

⬇

「スピード感」に問題があった場合

しいて言えば、スピード感が欠如しているところでしょうか。今の時代は、どんな仕事においてもスピード感が求められると思っております。そのために、業務手順や決裁方法の見直しなども、随時行っていく必要があると感じました。

現状のニーズを絡めて伝える

「会議の多さ」に問題があった場合

週4回という会議の多さについては、正直、改善したほうがいいと思うところはありました。本当に必要な会議もありましたが、多くは報告書で済むものばかりで、その時間があれば1回でも多くお客様のところへ訪問したいと思っておりました。そのため、限りある時間を有意義に使えるよう、上部に提案して参りましたが、社長の意向もあり、残念ながら改善には至りませんでした。

改善しようと努力したことを伝える

★
あくまで「改善点を伝える」言い回しで

「当社が改善すべき点は どこだと思いますか？」

no. 46

>> THE SECRET OF THE INTERVIEW TO PASS #46

⇨「ここがダメ」や「何もない」はNG

　ここでは、どのくらい企業研究を熱心にしているか、その上でどこまで掘り下げて会社のことを分析、調査しているかを確認することで、志望度の高さを見ます。

　ただ、いくら改善策を聞かれたからといって、ダメな部分をストレートに指摘するのは、ビジネスマンとして適切な対応とはいえません。このような場合は、まず、他社と比べて優れている点を言った後で、「しいて申し上げますと、〇〇をもう少し徹底されますと、お客様からさらにご満足いただけるかと思います」のような伝え方がよいでしょう。あくまでも改善点になりますので、「〇〇はあり得ません」「△△はやめるべきです」などストレートに非難するのはNGです。また、改善点が見当たらない場合は「御社の改善点は何もありません」という答え方も間違いではありませんが、企業研究が足りないと思われることがありますので、自分なりの意見や感想を伝えてみましょう。

⇨「このスキルを活かせる！」で自己PR

　さらに、改善点を言った後で、「〇〇の部分でしたら、私のこれまでのスキルを活かせる分野だと思いますので、ぜひ御社のお役に立ちたいと思っております」など、自分のPRポイントを絡めた話ができればベストです。また、面接側はこの機会に外部から見た改善点を本気で知りたいと思っている場合もあります。改善点だけでなく、アイデアなども一緒に伝えられると、断然印象が良くなるでしょう。

Chapter 6
「揺さぶり質問」にはこう答える

今の時代、○○事業をメインにするのは、どうかと思います。早めに撤退すべきだと思います。

> ストレートに非難するのは避ける

> 詳しい理由がないと相手も納得できない

改善提案をする場合

しいて申し上げますと、新商品の販促をもう少し徹底されますと、お客様にさらにご満足いただけると思います。御社の新商品は一過性のものではなく長く使えるものが多くありますので、長期的な販促をすることで売上アップも見込めるのではないかと思います。

> 商品の良さを一緒に伝える

新しい提案をする場合

私個人の意見になりますが、これからは化粧品だけでなくサプリメントの分野にも商品を広げていくべきではないかと思っております。外見だけでなく内面からキレイになるというコンセプトで商品提案できれば、お客様にもより満足いただけると思います。この分野でしたら、私の前職での経験を十分に活かせますので、積極的にご提案していきたいと思っております。

> 自分の経験を活かせることを伝える

★ **企業研究の成果を披露しよう！**

「ご家族は転職に賛成していますか？」

no. 47

>> THE SECRET OF THE INTERVIEW TO PASS #47

⇨ 家族の理解があってこそ集中できる

　ここでは、環境を整えた上で転職活動をしているかどうかを確認します。自分の一番身近な環境さえも整えずに転職活動しているとしたら、仕事に対する準備ができない、仕事において詰めが甘い人物と判断されてしまいます。特に、転勤、残業、休日出勤などがある職場の場合、家族の理解がないと仕事に集中できないケースが多くあります。採用側も、こうしたリスクはなるべく先に排除しておきたいと考えるものです。

⇨「どう説得したか」があると効果的

　ただ単に「大丈夫です」「賛成しています」だけでは、物足りません。なるべく「〇〇なところに関して特に賛成しています」など、具体的な話をするのがよいでしょう。また、多少反対されていた場合でも、それをどう説得して、今は賛成してくれるようになったかといったストーリーがあれば、問題ありません。かえって「そこまでしてうちに入社したいと思っている」と好印象になることもあります。

　転職活動は、焦りや不安、プレッシャーなどで多少なりとも心に負荷がかかるもの。それでも周囲のサポートや応援があれば、負担は軽減されスムーズにいくものです。反対されているけど別に気にしない、誰にも認めてもらえなくていいなどと開き直るのではなく、できる限り周りの人にも納得してもらった上で転職活動をすることをお勧めします。実は、それが転職活動を成功させる一番の秘訣かもしれません。

Chapter 6
「揺さぶり質問」にはこう答える

家族はあまり賛成していませんが、自分のことは自分で決めるのが一番だと思いますので、周りの反対に関しては特に気にしていません。

> 自己中心的な感じがする

> 周りの賛成を得るための努力が見えない

⬇

全面的にサポートしてくれている場合

環境を整えるのは、仕事をする上で一番大事なことと考えます。家族の理解がなければ、仕事に全力を投入することも難しいと思います。また、今後のビジョンや自分の仕事への思いについて、一番身近な家族すら説得できないようでは、転職活動は成功しないと考えています。ですので、私はまず最初に家族の理解を得ることから始めました。今でも、家族全員が全力でサポートしてくれています。

> 家族の理解が大事だということをアピール

話し合いの末、積極的に応援してくれている場合

正直に申しますと、最初に妻に話をしたときには、転職活動に難色を示しました。しかし、自分のこれまでの仕事と今後の展望、なぜ今転職をするのかや、御社の仕事に対する熱い思いなどをじっくり説明し、何度も話し合いを重ねた結果、今では積極的に転職活動を応援してくれています。

> 転職活動の本気度をアピール

★
周囲のサポートや応援は何よりのエネルギー

COLUMN 6

誘導尋問のような質問には
どう対応する？

―― コラム6 ――

「〇〇資格は取ってくれますよね？」「休日出勤にも対応してくれますよね？」など誘導尋問のような質問をされたとき、どう対応すればよいのでしょうか。ここでは、まずできるだけ肯定した返事をすることがポイントです。たとえ「無理かもしれない」と感じたとしても、面接の段階では一旦受け入れることが大事。ここで「できません」「私には無理かもしれません」といった否定の返事をしてしまうと、次に進む可能性が断然低くなってしまいます。

　ただ、否定はしないかわりに、「何でもします」と流されて言うのは考えもの。「できる限りの努力をして早めに資格を取りたいと考えております」や「必要とあらば、休日出勤にも対応いたしますが、なるべく出勤しなくて済むように業務の効率化を目指したいと思います」のようなプラスの一言があると、印象が良い上に、無条件で受け入れているわけではないことを伝えることができます。
　まずは、嘘をつく必要はありませんが、なるべくなら「受け入れる方向で考えたい」という思いを優先して伝えましょう。

chapter

7

no. 48 ⇨ 53

こちらから
「質問」する場合には？

面接では、双方の思いを知ることが大事です。ですから、一方的に質問を受けるだけが面接ではありません。こちらから、何か質問や確認がある場合には、聞いてみるのも一つの手です。
　あなたが「もっと知りたい」と思うのはとても大事なことです。内定後の行き違いを解消するためにも、気になったことは最後の質問で確認しましょう。ここでは、知りたいことをただ聞くだけでなく、自分の思いを一緒にアピールすることが大切です。ぜひ、事前の準備段階でいくつか「聞きたいこと」を用意しておき、有意義な質問タイムにしましょう。

★

THE SECRET OF THE INTERVIEW TO PASS
CHAPTER 7

「質問はありませんか？」
と聞かれたら…

no.
48

>> THE SECRET OF THE INTERVIEW TO PASS #48

⇨ 「聞きたいこと」を事前に整理

　この質問は、面接終了の合図でもありますが、入社に対する本気度を測るものでもあります。真剣に企業研究をしていたら、もっと詳しく聞いてみたいことや確認したいことが出てきても不思議ではありません。そこで、入社の意欲を強く伝えるためにも、面接に臨む前に聞きたいことを整理しておきましょう。「これだけは」というものを、２～３個挙げておけば十分です。面接の中で、聞きたいことが解決したのであれば、「これまでの面接のお時間で、御社のことは一通り理解できましたので、今のところ質問はございません。お話をお伺いし、ますます入社したいという意欲が強くなりました」など、もう一度入社の意志を伝えて終わるようにしましょう。

⇨ 無理に質問しなくてもOK

　ここで注意が必要なのは、「質問をしなければならない」と思い込んで、面接中に話した内容について繰り返し聞いたり、ホームページを見ればわかるような基本的なことについてわざわざ質問してしまうこと。これまでの好評価を覆すことにもなってしまいますので、安易な質問はしないよう注意しましょう。

　また、難しいことを聞いたほうがいいと勝手に思い込み、「今後の御社の新商品の戦略をお教えください」など面接官の守備範囲でないことや社外秘であるようなことを聞くのも、常識を疑われてしまいますので注意が必要です。

Chapter 7
こちらから「質問」する場合には？

> えっと、特にありませんが……。では、御社の今後の事業展望をお聞きしてもよろしいでしょうか？

❌

- 無理矢理探さなくてもいい
- 難しい質問は相手を困らせるだけ

⬇

どんな企業にも使える前向きな質問

面接の中で様々な話をお伺いし、御社で働きたいという気持ちが一層強くなりました。そこで、一つお聞きしたいことがあります。御社に入社できるようこれからさらに努力すべく、今から取り組めることがありましたら、ぜひ教えていただけませんでしょうか？ 参考にさせていただけたらと思っております。

⭕

- 意欲をもう一度アピール

特に聞くことがないときの対応

これまでの面接のお時間で、御社の事業内容や業務内容につきましては一通り理解できました。質問させていただこうと思っていたことも、○○様の丁寧なご説明で解消することができましたので、今のところ特に質問はございません。魅力的なお話をたくさんお伺いし、ますます入社したいという意志が強くなりました。本日はありがとうございました。

⭕

- 面接への「お礼」を伝える

★
最後に好印象で終わる工夫を！

仕事のノルマを確認したいとき

no.49

>> THE SECRET OF THE INTERVIEW TO PASS #49

⇨「目標」と言い換えて聞いてみよう

　営業職などの場合、どのくらいノルマがあるのか、ノルマを達成できなかったらどうなるのか、気になるところです。ここでは、「ノルマ」ではなく「目標」という言い方で、質問をしてみましょう。

　例えば「どんな仕事にも目標設定が必要だと考えます。個人、もしくはチームで目標を決めることもあると思いますが、御社の場合、どのような形で目標が設定されているのでしょうか？」など、ストレートに「ノルマはどのくらいですか？」と聞くよりも、印象が良くなります。また、このときには、やる気が伝わるように「明るい表情」を意識するようにしましょう。

⇨ホームページは隅々までチェック

　会社によっては、ホームページの新卒採用ページ内に、「先輩の体験談」というコーナーを設けている場合があります。そこに、詳しい業務内容や目標などが取り上げられていることもありますので、ホームページは隅々まで見ておくことをお勧めします。

　その上で、さらに詳しく現状を知りたい場合には、「御社のホームページで、営業職の〇〇さんのインタビュー記事を拝見いたしました。営業目標について書かれておりましたが、新規開拓営業の部分だけ、もう少し詳しく教えていただけますでしょうか？」などと聞くようにしましょう。このように、先に調べた情報と絡めて質問することで、勉強熱心なイメージを与えることができます。

Chapter 7
こちらから「質問」する場合には？

> ノルマはどのくらいでしょうか？ それが達成できなかった場合にどうなるのかも教えてください。

❌

- 「ノルマ」ではなく「目標」という言葉に
- 「できなかった場合」を聞くのは消極的な印象

⬇

仕事内容を理解した上で質問する場合

> 目標数字についてお聞きしたいのですが、よろしいでしょうか？ 営業職の場合、目標数字を設けることは、売上アップのために不可欠だと思います。御社の場合、細かなチームに分かれていますが、目標数字は個人もしくはチームのどちらで設定されているのでしょうか？

⭕

- 売上アップに貢献する意志をアピール

前職と絡めて質問する場合

> 前職では、高いレベルで個人の目標数字が設定されており、これがやりがいにつながっておりました。御社ではどのような形で目標数字が設定されているのでしょうか？ お答え可能な範囲で結構ですので、教えていただけると嬉しいです。

⭕

- 目標数字がやりがいにつながることをアピール

★ **「やる気」や「意欲」を伝えるのがポイント！**

給与額を
確認したいとき

no. 50

>> THE SECRET OF THE INTERVIEW TO PASS #50

⇨「不躾な質問ですが…」の一言を

　給与額などにかかわる質問は、聞きづらい上に、聞き方によっては良い印象を与えません。できるなら内定後に聞くことをお勧めしますが、基本給が曖昧な場合やきちんとした金額の提示がされていない場合には、双方の行き違いを無くすためにも確認することをお勧めします。

　その際には、「不躾な質問になりますが、先にご確認させていただければ幸いです」など配慮ある聞き方をしましょう。間違っても「給与額は聞いて当然」といった横柄な態度はとらないことです。

⇨ 細かい数字よりも給与体系を聞く

　例えば、募集要項に「基本給＋出来高」のような記載があった場合には、詳細をイチから聞こうとするのではなく、「募集要項の『基本給＋出来高』とは、どうように考えればよろしいのでしょうか？」といった程度の聞き方に留めておくのが無難です。くれぐれも、「この出来高とは最大どのくらいですか？」「ノルマが達成できないと手取額はどのくらいになるのでしょうか？」といったストレートな質問は避けることです。

　給与額をメインにした質問ばかりをしてしまうと、仕事内容よりも給与額が大事なのではないかと思われてしまいます。もちろん仕事をする上で給与額は誰しも気になるところですが、まずは質問する前に、募集要項やホームページを再度確認したり、転職支援サイトなどで情報を得ることから始めてみましょう。

Chapter 7
こちらから「質問」する場合には?

募集要項に「基本給＋出来高」との記載がありましたが、最大どのくらいのプラスになるのでしょうか?

> ストレートすぎて印象が良くない

> 配慮ある言い回しが必須

⬇

「基本給＋出来高」の記載があった場合

募集要項に記載がありました「基本給＋出来高」とは、どのように考えればよろしいでしょうか? 不躾な質問になりますが、ご確認させていただければ幸いです。 ○

> 詳細よりも大枠を聞くニュアンスで

給与額の記載がなかった場合

大変不躾な質問になりますが、募集要項に給与額の記載がなかったもので、もしよろしければ教えていただくことはできますでしょうか? ○

> 配慮ある言い回しで

★
「詳しい話」は内定後に!

残業や休日出勤、有給休暇の確認をしたいとき no.51

>> THE SECRET OF THE INTERVIEW TO PASS #51

⇨ やりとりの流れの中で自然に聞く

　残業や休日出勤の有無は、働く上で気になるところかもしれませんが、ストレートに聞くのは印象があまり良くありません。

　良い聞き方としては、採用側から「残業はできますか？」「休日出勤はできますか？」と質問をされた際に、「はい、大丈夫です。時期や仕事量によるかと思いますが、残業や休日出勤はどの程度と考えておくのがよろしいでしょうか？」など、やりとりの流れの中で質問するのがよいでしょう。また、違う角度から聞く方法としては、「社員の方々は、休日はどのようにお過ごしでいらっしゃいますか？　私も参考にさせていただきたいと思います」と質問し「最近は忙しくて仕事をしているね」などの返答から、推測してみるのもよいでしょう。

⇨「なぜ知りたいのか」理由を添える

　また、有給取得に関しても、ストレートな聞き方をすると、ビジネスマンとしての常識を疑われてしまいます。どうしても気になる場合には内定が決まってから聞くか、あるいは、質問の理由を述べてから聞くようにしましょう。例えば、「高校時代から10年間ヨットを続けておりまして、7月の第3金曜日に決まって全国大会が開かれます。可能な限りで構いませんが、その日だけはお休みをいただきたく、有給取得をさせていただきたいのですが、御社では可能でしょうか？」といった聞き方が好ましいでしょう。

Chapter 7
こちらから「質問」する場合には？

> ストレートな言い回しは避ける

残業や休日出勤はしないといけませんか？ また、御社では有給休暇の取得は可能ですか？

> 「どうして聞きたいのか」理由がほしい

⬇

残業や休日出勤について聞きたい場合

> 「忙しい時期を知りたい」という聞き方で

業務により異なるかと思いますが、年間で特に忙しい時期がございましたら教えていただけますでしょうか？ その際の残業や休日出勤はどの程度と考えておくのがよろしいでしょうか？ 家族にも伝え、サポート態勢が取れるよう準備したいと考えております。

有給休暇の取得について聞きたい場合

> 行事が決まっている場合は先に伝える

私事で大変恐縮でございますが、10年以上続けている学童ボランティアの夏季イベントがありまして、それが8月下旬の金、土、日に毎年行われています。できましたら今年も参加したいと考えておりまして、その際、御社では有給休暇の取得は可能でしょうか？ もちろん、業務を最優先に考えたいと思っております。

★
やっぱりストレートに聞くのはNG

試用期間について
確認したいとき

no. **52**

>> THE SECRET OF THE INTERVIEW TO PASS #52

⇨ 聞くなら最終面接か内定後に

　企業によっては、正社員登用までに試用期間を設けるところがあります。入社後の行き違いをなくすためにも、気になった場合には、雇用形態について確認しておきましょう。

　ただし、質問のタイミングは考えたほうがよいでしょう。最初の面接で、いきなり「正社員で採用していただけるのですよね？」といった不躾な質問は印象が良くありません。仕事の中身よりも労働条件が優先で会社を選択しているのでは、と思われてしまいます。タイミングとしては、最終面接か、内定が決まった段階で、確認事項として話をするのがよいでしょう。

⇨「待遇重視」と思われないように注意

　募集要項に詳細が書いてあるのにもかかわらず、しつこく質問するのは良くありません。まずは、質問をする前に、募集要項には今一度目を通しておくのがよいでしょう。

　また、試用期間で待遇などが変わるのか知りたい場合には、「試用期間はありますでしょうか？」→「どのくらいの期間でしょうか？」→「この期間の労働条件はどのように考えたらよろしいでしょうか？」のように、順を追って聞くこと。ここでは、詳細を聞くというよりは、おおまかに何が異なるのかを聞くというスタンスがよいでしょう。間違っても、「試用期間とそれ以降の待遇の差を教えてください」のように、ストレートな聞き方はしないことです。

Chapter 7
こちらから「質問」する場合には？

✕

試用期間があるとお聞きしましたが、試用期間とそれ以降の待遇の差を教えてください。

> 不躾な印象が強くなる

> 「待遇重視」で選んでいると思われる

⬇

試用期間の記載がなかった場合

○

御社では、ぜひ正社員として責任ある仕事をしたいと考えております。そこで、採用された場合の話になるのですが、正社員登用にあたり、試用期間などはありますでしょうか？

> 「責任ある仕事がしたい」ことをアピール

試用期間の記載があった場合

○

募集要項に、試用期間があるとの記載がありました。どのくらいの期間で、どのような過程を経て、正社員への登用になるのか、お答え可能な範囲で結構ですので教えていただけませんでしょうか？

> 「社員へ向けての意気込み」をアピール

★
質問のタイミングが肝心！

出産・育児と仕事の両立について確認したいとき no.53

>> THE SECRET OF THE INTERVIEW TO PASS #53

⇨ まずは、長く働く意志を前提に

　ここでは、まず、長く働く意志があることを前提に質問することです。女性の終身雇用が少しずつ社会に広がっていますが、企業によっては労働環境が整っていない職場もまだまだあります。ですから、結婚や出産を経験し、子育てしながらも働く意志を持っている場合は、遠慮せずに聞いておくほうがよいでしょう。そのために、私生活を含めた「将来のビジョン」を考えておくことは、転職活動をする上では必須です。

⇨ ワーキングマザーの実態から推測

　確認のしかたとしては、将来、権利として産休をどのくらいもらえるのかといった聞き方ではなく、実際に子育てをしながら働いている方がどのくらいいるのかを聞くことで、推測するのがよいでしょう。人数や割合を聞くことで、会社として積極的に労働環境を整えようとしているのかどうかがわかるはずです。

　また、自分の権利ばかりを主張するのではなく、仕事において努力する姿勢を伝えることも大切です。もし労働環境があまり整っていない職場であれば、「私が女性のロールモデルになれるくらい、仕事も私生活もしっかり管理できる人になりたいと思っております」など、前向きな話ができるとよいでしょう。あくまでも「自分も努力します」というニュアンスを伝えることが重要なのです。

Chapter 7
こちらから「質問」する場合には?

産休、育休を取りたいのですが、御社ではそれは可能ですか？

> 「将来のビジョン」が見えない

> 権利ばかりを主張するのはNG

⬇

産休や育休の取得人数を聞く場合

御社では、子育てをしながら仕事をなさっている方が多いとお聞きしました。その点でも、御社に大きな魅力を感じております。私も、今後のキャリアビジョンを考えますと、仕事と育児を両立させていきたいと考えております。産休、育休を取得されている方は、どのくらいいらっしゃるのでしょうか？

> キャリアビジョンを伝える

業務内容に踏み込んで聞く場合

私は、子育てとの両立を視野に入れて仕事を考えております。御社でも女性社員の方が多くいらっしゃるようですが、出産後もご活躍されている方は、どのくらいいらっしゃるのでしょうか？ また、その場合、主にどのような業務をされているのでしょうか？

> 長く働く意志を伝える

★
前向きなビジョンを語れば好印象！

COLUMN 7

「最終面接」の前に
メールを送るのも一つの作戦

―― コラム7 ――

　最終面接まで残ったなら、ここは絶対受かりたいところ。そこで、最終面接の前に、採用担当者へ意気込みのメールを送るのも一つの方法です。相手の受け方は、会社の規模や業種、その方のタイプにもよりますが、案外効果があるものです。例えば、「明日は自分の力を最大限に発揮したいと思います。貴重なお時間をいただきますが、よろしくお願いいたします」などは印象が良いですね。プラスして、「御社でぜひ仕事をしたいです」という強い気持ちを入れるのもよいでしょう。

　また、何度も面接を重ね、担当の方との関係性が少しでも築けている場合には、「御社の内定をいただきたく、厚かましいお願いではございますが、よろしければアドバイスをいただけませんでしょうか」と聞いてみるのもよいかもしれません。

　ただ、長々としたメールや熱意を込めすぎた重すぎる内容のメールは、忙しい採用担当者にとっては負担になるだけ。簡潔に書き、「メールで失礼いたします」「お忙しいときに失礼いたします」などといった配慮の一言を入れるのが必須です。

chapter

8

no.54 ⇨ 56

押さえておきたい
内定後のやりとり

　　内定の連絡。これは、誰にとっても嬉しいものです！　今までの努力や苦労も、すべてこのためだったと思うと、感慨深いものがあります。でも、ウカウカしている暇はありません。内定の連絡は、転職のゴールであり、新たな生活への大事なスタートでもあるのです。
　　転職を良い形で終えるためにも、最終のやりとりはしっかり押さえておきましょう。また、入社に向けて、いくつも準備がありますので、モレのないように進めていくことが大事です。そして、輝かしい一歩を踏み出すあなたを、私はいつまでも応援しています！

★

THE SECRET OF THE INTERVIEW TO PASS
CHAPTER 8

最終面接後の「お礼状」が効く！

>> THE SECRET OF THE INTERVIEW TO PASS #54

⇨ ダイレクトに熱意が伝わる

　最終面接が終わったら、しておきたいことがあります。それは、これまで面接の時間を割いてくれた面接官に対する「お礼状」を送ることです。これはとても効果があります。中小企業の場合にはダイレクトに熱意が伝わりますし、大企業でも応募者が大勢いるような場合は、その中で強い印象を与えることができます。

　まずは面接後、その日のうちに採用担当者へメールでお礼を伝えます。その上で、最終面接を担当してくださった担当者、もしくは役員（社長）宛にお礼状を送るのがベストです。

⇨ 便せんは1枚。簡潔な内容に

　「お礼状」の内容は、お礼だけでは物足りません。あわせて「意欲」も伝えるようにしましょう。例えば、「面接で何度かお話しさせていただき、ますます御社に魅力を感じました。ぜひ、面接でお会いした皆様と一緒に、御社のために働きたいと思っております」など、「一緒に働きたい」という強い思いを入れると好印象です。文章の流れとしては、①面接へのお礼→②面接の中で興味深かった話→③入社への意欲→④最後にもう一度お礼、のような順番が理想的です。

　便せんは1枚で十分。長すぎる文章は、相手の負担になることもあり、マナーを欠きます。また、最後の最後で間違いのないように、会社名、役職名、担当者名は必ずチェックしましょう。ここまで完ぺきにこなすことができれば、後は、内定の連絡を待つのみです。

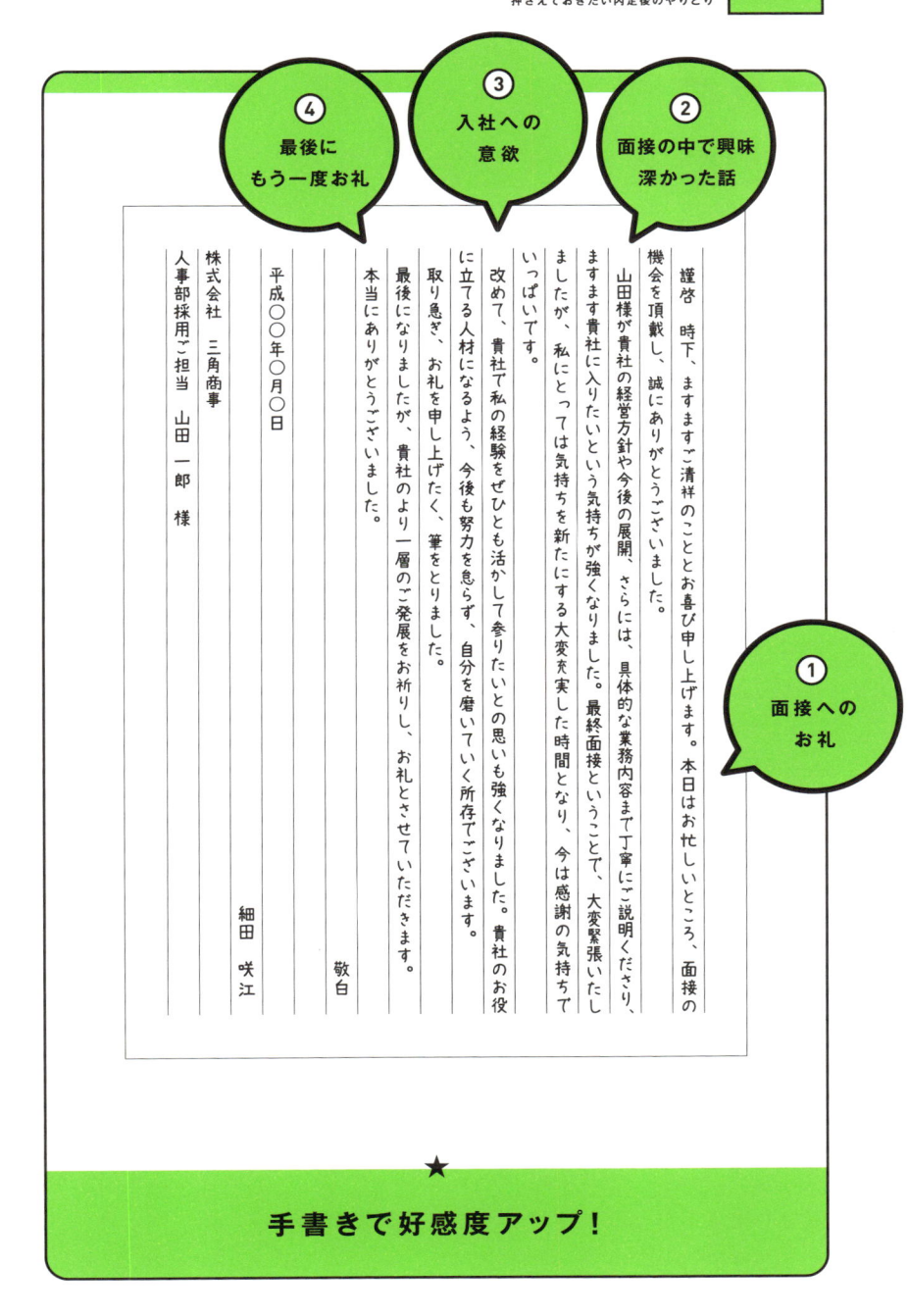

Chapter 8

押さえておきたい内定後のやりとり

④ 最後にもう一度お礼

③ 入社への意欲

② 面接の中で興味深かった話

① 面接へのお礼

謹啓　時下、ますますご清祥のこととお喜び申し上げます。本日はお忙しいところ、面接の機会を頂戴し、誠にありがとうございました。

山田様が貴社の経営方針や今後の展開、さらには、具体的な業務内容まで丁寧にご説明くださり、ますます貴社に入りたいという気持ちが強くなりました。最終面接ということで、大変緊張いたしましたが、私にとっては気持ちを新たにする大変充実した時間となり、今は感謝の気持ちでいっぱいです。

改めて、貴社で私の経験をぜひとも活かして参りたいとの思いも強くなりました。貴社のお役に立てる人材になるよう、今後も努力を怠らず、自分を磨いていく所存でございます。

最後になりましたが、貴社のより一層のご発展をお祈りし、お礼とさせていただきます。取り急ぎ、お礼を申し上げたく、筆をとりました。本当にありがとうございました。

敬白

平成〇〇年〇月〇日

株式会社　三角商事
人事部採用ご担当　山田　一郎　様

細田　咲江

★ **手書きで好感度アップ！**

晴れて内定の連絡がきたら

>> THE SECRET OF THE INTERVIEW TO PASS #55

入社の意志はその場で伝える

　内定の連絡は、基本的には電話でのやりとりになります。入社の意志があるのなら、「お礼＋内定の承諾」を即答しましょう。メールで連絡がきた場合も、すぐに返信するのが礼儀です。また、メールは見落とされる可能性もあるので、メール送信後、電話で一言お礼を伝えると印象が良いでしょう。

　もし、入社に迷っていたり、家族などの確認が必要な場合は、お礼後に「最終的に決定するまで、少しお時間をいただくことは可能でしょうか」と、申し訳ない気持ちを込めてお願いしてみましょう。

今後の予定を必ず確認

　内定の連絡時には、今後の予定を確認しておくことも重要です。再訪問の日程や細かな手続き関係など、今後すべきことの確認もしておきましょう。また、手違いなどがないように、できるなら「内定通知書」は書面でもらっておくと安心です。連絡をもらった際に、その旨お願いしてみましょう。

　内定の連絡は、本当に嬉しいものです。今までの転職活動の頑張りが認められた瞬間です。でも、これが「新しいスタート」でもありますので、気を引き締めてビジネスマンとしての対応をしましょう。そのためには、いつ内定の連絡がきてもいいように、最終面接後は、準備や心構えをしっかりしておくことが大切です。

Chapter 8

押さえておきたい内定後のやりとり

```
┌─────────────────┐
│     内定連絡      │
└─────────────────┘
         ⬇
┌─────────────────┐
│   電 話 or メール   │
└─────────────────┘
         ⬇
```

やりとりの内容

お 礼
＋
内定の承諾
＋
今後の予定確認
＋
「内定通知書」の依頼 etc.

★
最後の最後まで手を抜かないで！

条件面や仕事内容、
提出書類の最終確認を

no. 56

>> THE SECRET OF THE INTERVIEW TO PASS #56

入社前の面談で確認すべきこと

　条件面や仕事内容に少しでも不安材料があれば、内定後に聞いておくことをお勧めします。電話やメールでは聞きづらいことであれば、再度面談の場を設けてもらうお願いをしてもよいでしょう。入社後の行き違いを防ぐためにも、条件面や仕事内容を確認しておくのは大事なことです。給与額の交渉などは、募集要項に基本給が掲載されている場合には交渉の余地はあまりありません。しかし、掲載がなかった場合や、面談中の話と食い違うところがあれば確認、交渉してみるのもよいでしょう。

提出書類は早めに用意

　提出書類には、「雇用保険被保険者証」「年金手帳」「源泉徴収票」などがあります。会社によって「健康診断書」「住民票記載事項証明書」「銀行の振込先」「身元保証書」などが必要な場合もありますので、内定を受けたら何が必要かを確認し、早めに準備しておくようにしましょう。

　また、改めてお礼の訪問をする場合には、手土産を持って伺うのがマナーです。決して高価なものでなくてもいいので、感謝の気持ちを伝えるようにしましょう。一方で、時期的に忙しい企業や採用選考がまだ続いている企業の場合は、連絡までに留めておき、「時期を改めて訪問」という形でお願いしてみましょう。

Chapter 8
押さえておきたい内定後のやりとり

確認事項

条件面
給与額、残業・休日出勤・有給の有無 etc.

＋

仕事内容
配属部署の詳しい業務内容 etc.

＋

提出書類
- 雇用保険被保険者証
- 年金手帳
- 源泉徴収票

＋

- 健康診断書
- 住民票記載事項証明書
- 銀行の振込先
- 身元保証書

etc.

★
モレがないか最終チェック！

COLUMN 8

入社日までに必ずやっておくこと

――― コラム8 ―――

　入社日は、前職の退職予定日や内定先の会社の都合などを総合的に見て決めます。「この日からお願いします」と指定された日程で調整できれば一番ですが、無理そうな場合は「引き継ぎが〇日までかかりそうでして、〇日からの出社でお願いできますでしょうか」と理由を述べた上で相談してみましょう。会社側が一番困るのは、入社日間近になって日にちを変更されること。受け入れ態勢を整え業務を調整している場合も多くありますので、迷惑がかからないようスケジュールはしっかり確認しておきましょう。

　入社日の前日には、「明日からよろしくお願いいたします」という連絡をするのも一つです。やる気を感じる上に、日程に間違いがないことを両者で確認できます。また、入社日当日になってアタフタしないように、時間だけでなく、最初に訪ねる場所や担当者名を聞いておくのも大切。遅刻は厳禁ですが、あまりにも早めに到着するのは業務の邪魔になってしまいますので、約束の10～15分前を目安に行くのが望ましいでしょう。さらに、事前に、1分間程度の自己紹介が言えるように準備しておけば完ぺきですね！

【著者紹介】

細田咲江（ほそだ・さきえ）

■ー埼玉女子短期大学商学科准教授。早稲田大学卒業後、1983年に流通会社に入社。12年間、主に人事部で採用担当や人事教育などに従事。1994年に上田晶美とともに、ハナマルキャリアコンサルタントを設立。キャリアコンサルタントとして活躍し、現在に至る。

■ー大学で教鞭を執る傍ら、高校生や大学生の就職、社会人の転職、主婦向けの再就職に関する講演、執筆など幅広く活躍中。これまで1万人以上の応募者と接し、自治体主催のキャリア関連講座では、コミュニケーションスキルの向上を切り口とした研修が好評（熊本県女性キャリアアップ研修では7年連続で講師を務め、頻繁に交流してきた熊本は細田にとって第二の故郷）。

■ー「B-ing」「リクナビ」での誌上アドバイス、さらに「マイナビ」では激辛面接官としても活躍し、応募者の気づかなかった盲点をアドバイスして好評を博す。採用担当者経験からの鋭い視点を持った指導には定評がある。テレビ・ラジオにも出演。2011年フジテレビ年始の特番「就職の神様」にて就職コンサルタントとしてコメンテーターを務める。

■ー著書に、『転職 書類』（すばる舎）、『超速マスター！ Eメール・履歴書・エントリーシート成功実例集』（高橋書店）他、多数。

【埼玉女子短期大学HP】
http://www.saijo.ac.jp/

転職　面接　準備とマナー、定番質問から揺さぶり質問の回答例まで

2013年7月25日　第1刷発行
2019年4月3日　第4刷発行

著　者 ── 細田咲江

発行者 ── 德留慶太郎

発行所 ── 株式会社すばる舎

〒170-0013 東京都豊島区東池袋3-9-7 東池袋織本ビル
TEL 03-3981-8651（代表）　03-3981-0767（営業部）
振替 00140-7-116563
http://www.subarusya.jp/

印　刷 ── 図書印刷 株式会社

落丁・乱丁本はお取り替えいたします
©Sakie Hosoda　2013 Printed in Japan
ISBN978-4-7991-0201-5

大好評!! すばる舎 転職シリーズ

転職 書類

WEBフォーム、履歴書、職務経歴書、添え状の書き方

採用コンサルタント　細田咲江

**必ず押さえておきたい42のポイントと
11のケースを紹介!!**

Chapter 1
書く前にまずは知っておきたいこと

Chapter 2
「WEBフォーム」入力のコツ

Chapter 3
「履歴書」作成のコツ

Chapter 4
「職務経歴書」作成のコツ

Chapter 5
「添え状」作成のコツ

Chapter 6
郵送するときに知っておきたいこと

Chapter 7
こんなときどう書く？　成功事例集

巻末付録
卒業年早見表

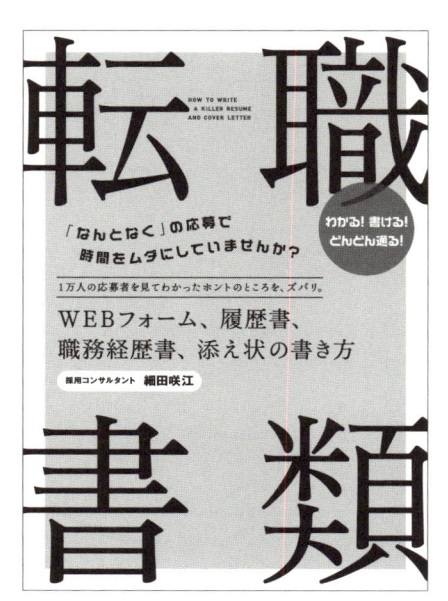

定価：本体1,300円＋税
ISBN978-4-7991-0200-8　C0030